새로 나온《기탄한자》-
어린이들로부터 사랑받는 학습지가 되겠습니다.

●《기탄한자》를 고대하신 여러분께 감사드립니다.

그 동안 《기탄수학》, 《기탄국어》 등의 교재를 사용해 보시고 《기탄한자》가 나오기를 고대하신 여러분들께 감사드립니다.

학부모님들의 열화 같은 요청에 의하여 오랜 연구와 각고끝에 드디어 《기탄한자》가 선을 보이게 되었습니다.

그 동안 저희 연구진이 할 수 있는 최선의 노력을 기울여서 만든 작품이니만큼 결코 실망시키지 않으리라 확신하며 사랑받는 학습지로 더욱 심혈을 기울여 나가겠습니다.

●한자를 모르고는 공부를 잘 할 수 없습니다.

학부모님들도 잘 아시다시피, 우리말의 약 70% 정도가 한자어로 구성되어 있으며 수학, 사회, 과학 등 각 교과서의 학습용어 대부분이 한자로 되어 있습니다.
따라서 한자를 초등 학교 저학년 때부터 미리 알면 어휘를 정확하게 이해하게 되어 언어생활을 바르게 할 수 있게 됩니다. 뿐만 아니라 다른 교과의 내용도 심도 있게 이해할 수 있는 기초 능력을 길러 주게 되어 저절로 성적이 쑥쑥 향상될 수 있습니다.
한자를 모르고는 결코 좋은 성적을 내기가 어렵습니다.

●이제 한자 학습은 필수! 《기탄한자》로 시작해 보십시오.

21세기는 세계의 중심축이 한자 문화권에 놓이게 될 것입니다. 따라서 공통문자 또는 국제문자로서의 한자의 역할이 증대될 것입니다. 《기탄한자》는 이러한 국제 사회의 흐름에 발맞추어 한자를 쉽고 재미있게 정복할 수 있도록 9단계 교재로 엮어 놓았습니다.
적은 비용으로 최고효과를 거둘 수 있도록 기획된 《기탄한자》, 지금 곧 시작해 보십시오.

《기탄한자》 –
개인별 · 능력별 프로그램식 학습교재입니다.

1 모두 9단계의 교재로 만들었습니다.

《기탄한자》는 A단계에서 I단계까지 총 9단계로 구성된 학습지입니다.

각 단계는 모두 4권으로 4개월 동안 학습할 수 있게 구성되어 있으며, A단계부터 I단계까지 모두 36권으로 36개월(3년) 정도가 소요됩니다.

2 1주일에 4자씩, 1달에 16자, 1년에 200여 한자를 익힐 수 있습니다.

《기탄한자》는 1주일에 4자씩 새로운 한자를 익히게 구성되어 있어서, 1달 과정이 끝나면 16자의 한자를 익힐 수 있습니다.

한 단계는 4권으로 구성되어 있어 모두 600여 한자를 학습할 수 있습니다.

※ G~I단계에는 한 주에 5자씩 수록되어 있습니다.

3 기초한자 학습부터 한자급수시험까지 상세하고 완벽하게 대비하였습니다.

《기탄한자》의 총 9단계 중 A~C단계 교재는 새로이 발표된 교육부 선정 한자를 위주로 하여 초등 학교 저학년 어린이들에게 필요한 기초 생활한자를, D~F단계 교재는 초등 학교 고학년 어린이들에게 필요한 기초 생활한자를 익힐 수 있도록 구성되어 있으며, G~I단계 교재는 한자급수시험 대비를 겸하여 꾸며져 있습니다.

4 부담없는 반복 학습으로 효과가 확실합니다.

《기탄한자》는 매주 부담없게 4~5자씩 새로운 한자를 익히며 그 동안 배운 한자를 다양한 학습 방법을 통하여 반복해서 익힐 수 있도록 재미있게 구성하였습니다.

■ 기탄한자 단계별 학습내용 ■

A~C단계	초등 학교 저학년에게 필요한 교육부 선정 한자 192자 및 부수 학습
D~F단계	초등 학교 고학년에게 필요한 교육부 선정 한자 192자 및 부수 학습
G~I단계	교육부 선정 240자 위주. 한자급수시험 대비

《기탄한자》는 치밀하게 계산된 학습 시스템으로 일반 학습 교재와는 전혀 다릅니다.

1 자신감이 생기는 학습

한자문맹 「흔들리는 교육」이란 제목 하에 우리 나라 최고 명문대에서 학생들이 한자를 제대로 알지 못해서 수업이 제대로 되지 못한 사건이 발생했다고 신문에 기사화 되어 충격을 준 적이 있습니다.

현재 대부분의 학생들은 물론 일반인들까지 부모나 형제 자매의 이름을 제대로 쓰는 사람이 드물다는 것이 전문가들의 대체적인 시각입니다.

《기탄한자》로 지금 시작해 보십시오.

초등 학교 때부터 하루 10분 정도만 학습하면 한자가 익숙해져 자연스럽게 한자문맹에서 해방됩니다. 초등 학교 때부터 자연스럽게 신문이나 잡지도 볼 수 있게 되어 자신감이 생기고 따라서 성적도 쑥쑥 올라가게 됩니다.

《기탄한자》. 자녀에게 자신감을 키워줍니다.

2 올바른 학습 습관이 생기는 학습

《기탄한자》는 어린이들에게 한자학습이 재미있고 흥미로운 것이라는 인식을 심어 줄 수 있도록 다양한 형식과 체제로 구성하였습니다. 따라서 가정에서는 어린이의 생활습관을 규칙적으로 꾸며 가도록 지도해 주시는 것이 중요합니다.

《기탄한자》로 매일 일정한 시간에 일정량을 꾸준히 공부하다 보면 생활 리듬이 일정해져 공부시간도 틀에 잡히고 효과적인 학습도 가능해져 '몸에 맞는' 올바른 학습습관이 생기게 됩니다.

3 집중력이 생기는 학습

공부는 많이 하는데 성적이 오르지 않는 어린이는 집중력이 약하기 때문입니다.

《기탄한자》는 매일 2~3장을 10분안에 학습하는 훈련을 반복함으로써 자연스럽게 집중력이 최고로 강화될 수 있도록 하였습니다.

《기탄한자》는 매일 10분 학습으로 집중력을 길러주는 학습 시스템입니다.

4 창의력이 생기는 완전학습

창의력이란 아무것도 없는 데서 새로운 것을 찾는 능력이 아니라 이미 알고 있는 것에서 조금 다른 것을 찾는 능력이라고 합니다.

이러한 창의력은 어떻게 생길까요? 바로 다양한 체험을 통해서 가능해집니다.

《기탄한자》는 다양한 학습체험을 통해 읽고, 쓰고, 깨달음으로써 자연스럽게 창의력을 키워주어 완전학습으로 나가게 해줍니다.

교재 학습 방법

1 교재 선택

처음 한자 학습을 시작하는 어린이는 교재의 첫부분 A단계부터 시작해 주십시오.

그 동안 한자 학습을 진행한 어린이는 자신의 능력과 수준에 맞추어 교재를 선택하되 학습자의 능력보다 약간 낮은 단계부터 시작하는 것이 효과적입니다. 학습자의 능력보다 수준이 높은 교재를 선택하면 공부에 흥미를 잃어 중도에서 포기하기 쉽습니다.

2 교재 활용

교재는 한 권이 4주분으로 한 달간 학습할 수 있도록 편집되어 있습니다. 교재를 구입하시면 주저하지 마시고 먼저 1주일 분량씩 분리해서 매주 1권씩 어린이에게 주십시오. 한꺼번에 교재를 주면 어린이가 부담스러워 학습을 미루거나 포기하기 쉽습니다(교재가 잘 나누어지도록 제작되어 있음).

3 교재 학습

매주 새로운 한자를 4~5자씩 배울 수 있게 계획되어 있습니다. 매일 일정한 시간을 정해놓고 하루에 2~3장씩 10분 정도 학습할 수 있게 지도해 주십시오. 매일 배운 한자를 여러 형태로 음과 뜻, 짜임, 활용 등을 활용 반복해서 학습할 수 있게 되어 있으므로 밀리지 않고 차근차근 따라하면 기초 한자를 쉽게 정복할 수 있습니다. 어린이의 학습의욕과 성취도에 따라 학습량을 조절해 주시되 무리하게 학습을 시키지 않도록 유의해 주시고 스스로 공부하는 바른 습관이 붙도록 해 주십시오.

4 자녀의 학습 관리

어머니는 이 세상의 그 어느 선생님보다도 더 훌륭한 최상의 선생님으로 어머니의 사랑으로 자녀를 가르칠 때 그 효과가 가장 높다는 것이 교육학자들의 일반적인 견해입니다. 자녀들이 학습한 내용들을 일 주일에 한 번씩 날짜를 정해놓고 5~10분간만 투자해서 확인해 주시고 관심을 보여 주십시오. 그리고 칭찬해 주십시오. 칭찬을 잘 하는 어머니가 공부를 잘 가르치는 최고의 선생님이란 것을 잊지 마십시오. 어머니의 관심도에 비례해서 자녀의 한자실력이 쑥쑥 자라난다는 것도 잊지 마세요.

학습을 시작하기 전에 꼭 읽어 주세요

다음에 소개되는 내용을 꼭 외울 필요는 없습니다.
금방 이해가 가지 않는 내용도 있을 것입니다.
그러나 교재를 풀다 보면, '아하! 그 말이었구나.' 하고
느끼면서 저절로 알게 될 내용들입니다.
그러나 중요한 것이라서 자주 보고 읽어 두어야 합니다.
그래야만 한자를 쉽게 익힐 수 있으니까요.

1. 한자의 3요소

한자는 3가지 중요한 것으로 구성되어 있습니다. 한자 공부를 잘 하려면
이 3가지를 항상 같이 익혀야 합니다.

(1)한자의 뜻(훈) (2)한자의 소리(음) (3)한자의 모양(형)

山 한자의 모양(형)	한자의 뜻(훈)	메(산의 옛말)
	한자의 소리(음)	산

2. 한자는 이렇게 만들어졌다.

모든 한자는 크게는 3가지, 작게는 6가지 원칙으로 만들어진 글자입니다.

(1) 기본 한자

1)눈에 보이는 사물을 본떠서 만들었습니다.
　날 일(日) 등이 그러합니다.
2)눈에는 보이지 않지만, 뜻을 부호로 표시했습니다.
　한 일(一), 위 상(上) 등이 그러합니다.

(2) 합쳐서 만든 한자

1)이미 만들어진 사물 모양의 한자들을 합쳐서 만들었습니다.
동녘 동(東), 수풀 림(林) 등이 그러합니다.
2)사물 모양의 한자와 부호 한자를 합쳐서 만들었습니다.
한자의 음(소리)은 합쳐진 한자 중 하나와 같습니다.
물을 문(問), 공 공(功) 등이 그러합니다.

(3) 운용 한자

1)어떤 한자에 다른 뜻과 다른 소리를 내도록 만든 한자로서
원래 한자의 뜻과 관계가 있습니다.

예 惡이란 한자는 원래 '악할 악' 자입니다. 그러나 악한 사람들을 모두가 미워한다는 뜻으로 '미워할 오' 자로도 씁니다.

2)외국어로 표기할 때 원래의 뜻과는 아무 상관 없이 비슷한 한자로 표시합니다.

예 미국을 한자로 美國이라고 쓴 이유는 美國이 중국말로 '음메이꿔'라는 소리가 나기 때문입니다. 즉 '아메리카'라는 발음이 가장 가까운 것이 美國이란 한자입니다.

3. 획이란 무엇인가요?

펜을 떼지 않고 한 번에 쓸 수 있는 점이나 선을 획이라고 합니다. 한자의 획수란 그 한자의 총 획이 몇 번인가를 말합니다.
획수는 한자 사전에서 모르는 한자를 찾을 때 다음에 소개할 부수(部首)만큼 중요한 것입니다.

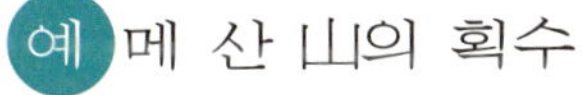 메 산 山의 획수

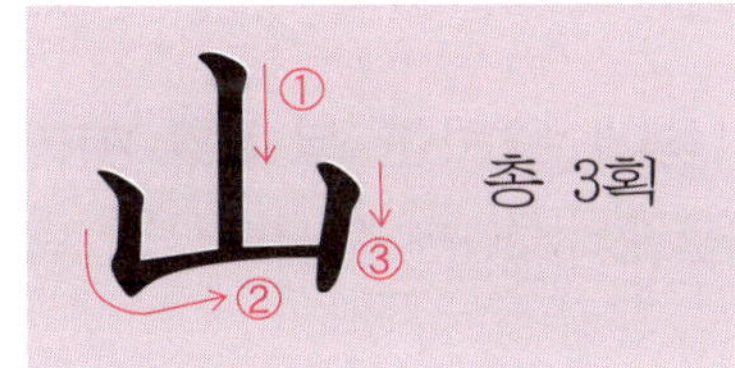

4. 부수(部首)를 알면 한자가 보인다.

(1) 부수(部首)란 무엇인가?

앞으로 이 책에는 부수(部首)란 말이 매우 많이 나옵니다. 그만큼 한자에서는 부수(部首)가 중요하다는 뜻이겠지요? 그렇다면 부수(部首)란 도대체 무엇일까요?

부수(部首)란 합쳐서 만들어진 한자 중에서 서로 공통되는 부분을 말합니다.

예를 들어, 큰산 악(岳), 언덕 안(岸), 봉우리 봉(峰), 고개 현(峴) 등에는 공통적으로 메 산(山)이 들어 있지요? 그리고 예를 든 모든 한자가 산(山)과 관계가 있음을 알 수 있습니다.

(2) 부수(部首)의 종류

부수(部首)는 놓이는 위치에 따라서 그 이름이 달라집니다.

변
한자의 왼쪽에 위치한 부수를 변이라고 합니다.
예) 바다 해 海(氵 물 수변, 삼수변)

방
한자의 오른쪽에 위치한 부수를 방이라고 합니다.
예) 고을 군 郡(阝 우부방)

머리
한자의 위쪽에 위치한 부수를 머리라고 합니다.
예) 편안할 안 安(宀 갓머리, 집 면)

엄
한자의 위에서 왼쪽 아래로 걸쳐진 부수를 엄이라고 합니다.
예) 사람 자 者(耂 늙을 로엄)

발
한자의 밑에 위치한 부수를 발이라고 합니다.
예)충성할 충 忠(心 마음 심발)

받침
한자의 왼쪽에서 아래로 걸친 부수를 받침이라고 합니다.
예) 멀 원 遠(辶 책받침)

에울몸
한자의 전체를 에워싸고 있는 부수를 에울몸이라고 합니다.
예) 넉 사 四(囗 에울 위, 큰입 구몸)

제부수
그 한자의 자체가 부수인 것을 제부수라고 합니다.
예) 높을 고 高(高 높을 고부수)

A 단계 교재 A121a-A135b

이번 주에 배울 한자

一	二	十	文
한 일	두 이	열 십	글월 문

금주평가	읽 기	쓰 기	이번 주는?
	Ⓐ 아주 잘함	Ⓐ 아주 잘함	· 학습방법 ❶ 매일매일 ❷ 가끔 ❸ 한꺼번에 - 하였습니다.
	Ⓑ 잘함	Ⓑ 잘함	· 학습태도 ❶ 스스로 잘 ❷ 시켜서 억지로 - 하였습니다.
	Ⓒ 보통	Ⓒ 보통	· 학습흥미 ❶ 재미있게 ❷ 싫증내며 - 하였습니다.
	Ⓓ 부족함	Ⓓ 부족함	· 교재내용 ❶ 적합하다고 ❷ 어렵다고 ❸ 쉽다고 - 하였습니다.

♣ 지도 교사가 부모님께	♣ 부모님이 지도 교사께

종합평가	Ⓐ 아주 잘함	Ⓑ 잘함	Ⓒ 보통	Ⓓ 부족함

원교	반 이름	전화

지난 주에 배운 한자를 다시 한 번 써 보세요.

칼 도	칼 도	칼 도	칼 도	칼 도
刀	刀	刀	刀	刀

새 을	새 을	새 을	새 을	새 을
乙	乙	乙	乙	乙

들 입	들 입	들 입	들 입	들 입
入	入	入	入	入

조개 패	조개 패	조개 패	조개 패	조개 패
貝	貝	貝	貝	貝

이번 주에 배울 한자를 큰 소리로 읽어 보세요.

一 한 일

十 열 십

二 두 이

文 글월 문

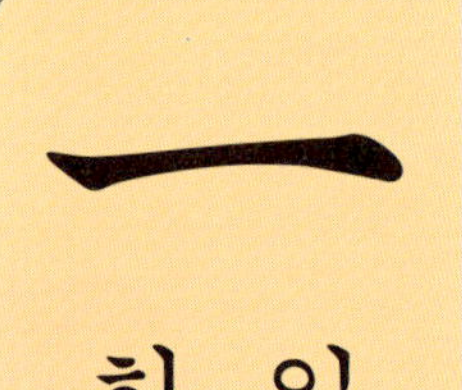 한 일(一)에 대해 알아봅시다.

| 一
 한 일 | 일이라고 읽습니다.
 하나 또는 첫째라는 뜻입니다. |

● 빈 칸에 알맞은 글을 쓰세요.

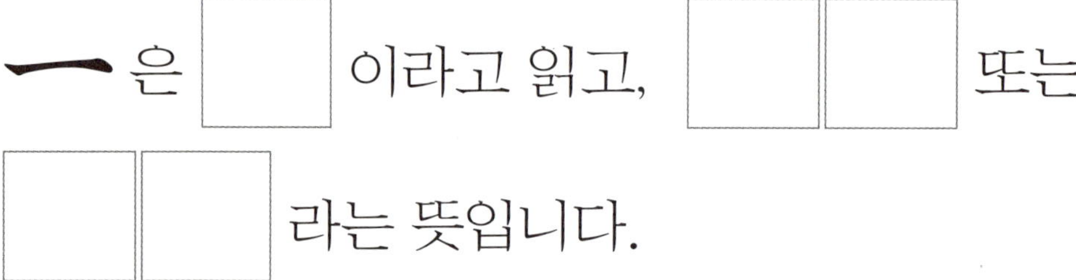

一 은 ☐ 이라고 읽고, ☐☐ 또는

☐☐ 라는 뜻입니다.

一은 손가락 하나를 본뜬 한자입니다.

● 빈 칸에 알맞은 글을 쓰세요.

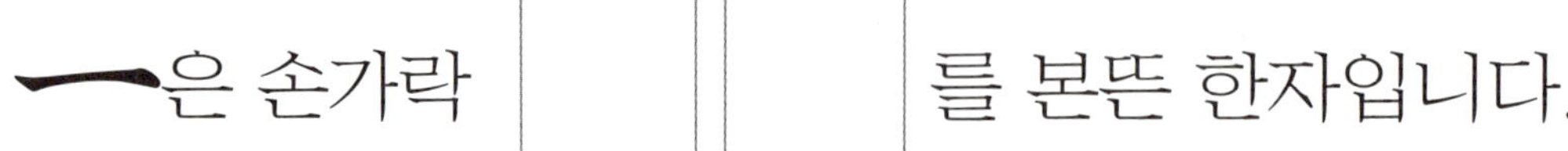

一은 손가락 ☐☐ 를 본뜬 한자입니다.

 필순에 따라 一을 바르게 쓰세요.

총 1회

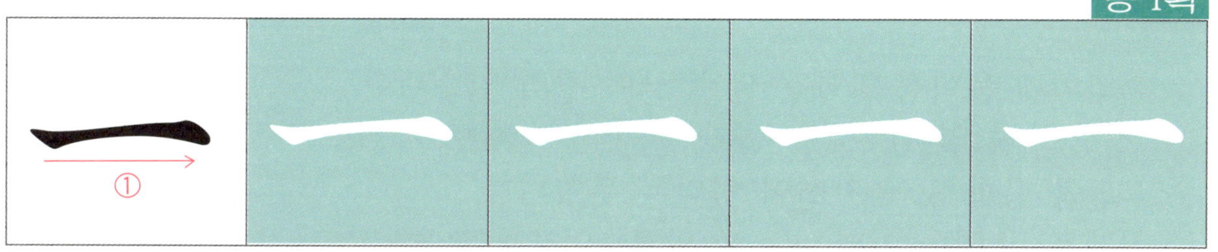

● 뜻과 음을 소리내어 읽으면서 ━을 쓰세요.

한 일	한 일	한 일	한 일	한 일
一				

한 일	한 일	한 일	한 일	한 일
一				

● 빈 칸에 알맞은 한자와 뜻, 음을 쓰세요.

一				한	일
한자	뜻	음	한자	뜻	음

🐞 글을 읽고, 一이 나오는 낱말을 알아봅시다.

소연이네 음식점 앞에는 이런 글이 걸려 있습니다.
'천하 一味(일미)'
그만큼 음식 맛에 자신이 있다는 뜻입니다.
실제로, 소연이 아빠는 一流(일류) 요리사입니다.
그리고 소연이 어머니와 언니도 요리사로 일한 지 10년이 넘었습니다.
一家(일가)가 모두 음식 만드는 일을 하는 셈입니다.
소연이의 장래 희망도 요리사입니다.

● 一味(일미):가장 좋은 맛 ● 一流(일류):어떤 일에서 가장 뛰어남
● 一家(일가):한 집안

🐞 빈 칸에 알맞은 한자를 쓰세요.

일	미	일	류	일	가
一	味	一	流	一	家
	味		流		家

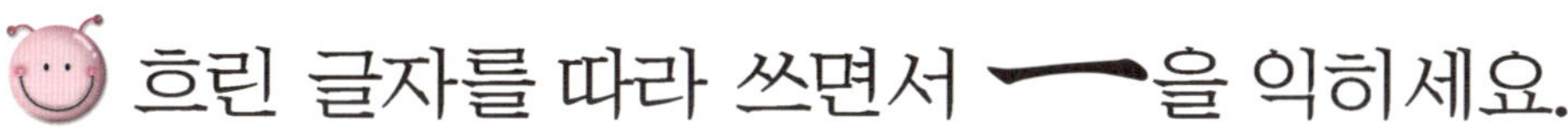

😊 흐린 글자를 따라 쓰면서 一을 익히세요.

一 은 일 이라고 읽고, 하나 또는 첫째 라는 뜻입니다.

一 은 손가락 하나 를 본뜬 한자입니다.

一 의 획수는 총 1 획입니다.

一 이 들어 있는 一 부수 의 한자는 하나 또는 첫째 와 관련이 있습니다.

😊 뜻과 음을 크게 읽으면서, 一을 쓰세요.

一					

기탄 한자 **A123b**

😊 一부수의 한자를 알아봅시다.

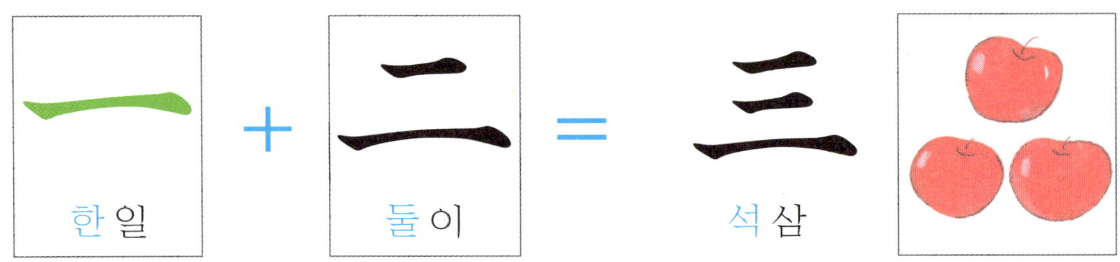

一 한 일 + 二 둘 이 = 三 석 삼

하나에 둘을 더하니 셋이 되었습니다.

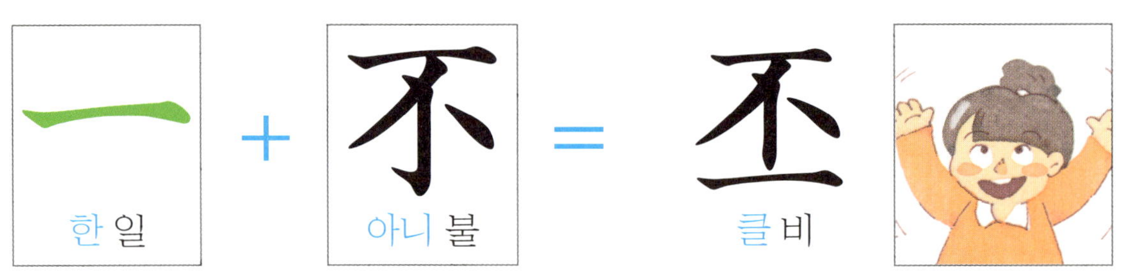

一 한 일 + 不 아니 불 = 丕 클 비

하나가 아니므로 큰 것입니다.

😊 一부수의 한자에 ○표 하세요.

丕 클 비   貧 가난할 빈   三 석 삼   財 재물 재

두 이(二)에 대해 알아봅시다.

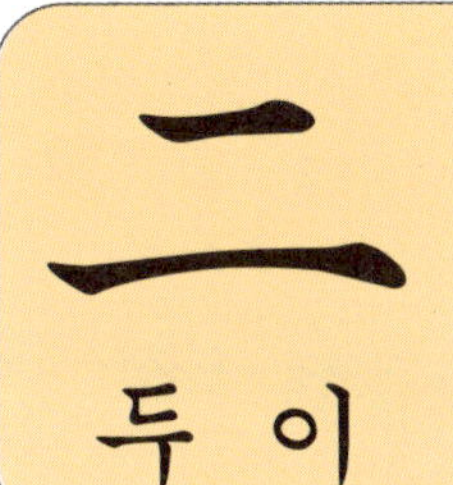

二
두 이

이라고 읽습니다.
둘 또는 거듭이라는 뜻입니다.

● 빈 칸에 알맞은 글을 쓰세요.

二는 ☐ 라고 읽고, ☐ 또는

☐☐ 이라는 뜻입니다.

二는 손가락 두 개의 모양을 본뜬 한자입니다.

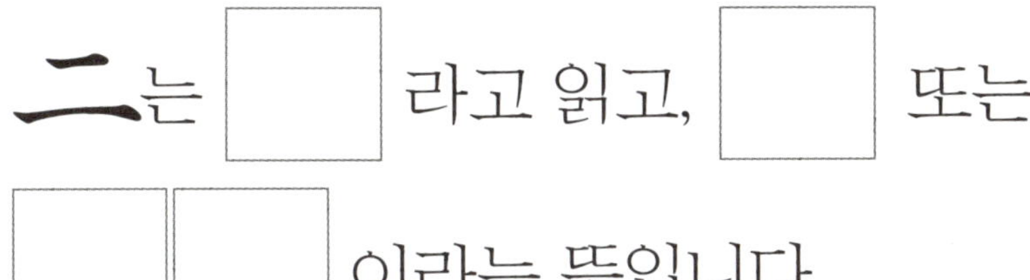

● 빈 칸에 알맞은 글을 쓰세요.

二는 손가락 ☐ 개의 모양을 본뜬 한자입니다.

A124b

😊 필순에 따라 二를 바르게 쓰세요.

총 2획

二	二	二	二	二

● 뜻과 음을 소리내어 읽으면서 二를 쓰세요.

두 이	두 이	두 이	두 이	두 이
二				

두 이	두 이	두 이	두 이	두 이
二				

● 빈 칸에 알맞은 한자와 뜻, 음을 쓰세요.

二		
한자	뜻	음

	두	이
한자	뜻	음

글을 읽고, 二가 나오는 낱말을 알아봅시다.

자전거나 오토바이를 二輪(이륜)차라고 합니다.
바퀴가 둘인 차라는 뜻이지요.
선우는 자전거 타기를 무척 좋아합니다.
자전거 경주 대회에서 二等(이등)을 차지하기도 했습니다.
선우는 다짐했습니다.
"二次(이차) 대회에서는 꼭 우승할 거야."
오늘도 선우는 자전거 타는 연습을 하고 있습니다.

- 二輪(이륜)차 : 바퀴가 둘인 자전거나 오토바이를 말함
- 二等(이등) : 두번 째 등급   　● 二次(이차) : 두번 째

빈 칸에 알맞은 한자를 쓰세요.

이	륜	이	등	이	차
二	輪	二	等	二	次
	輪		等		次

😊 흐린 글자를 따라 쓰면서 二를 익히세요.

二 는 이 라고 읽고, 둘 또는 거듭 이라는 뜻입니다.

二 는 손가락 2개 를 본뜬 한자입니다.

二 의 획수는 총 2 획입니다.

二 가 들어 있는 二부수 의 한자는 둘 또는

거듭되는 것 과 관련이 있습니다.

😊 뜻과 음을 크게 읽으면서 二를 쓰세요.

二				

 二부수의 한자를 알아봅시다.

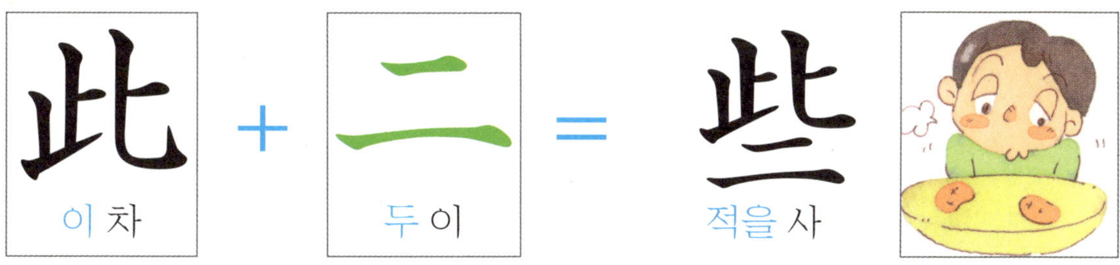

두 개에 머물렀으니 적다는 뜻이 됩니다.

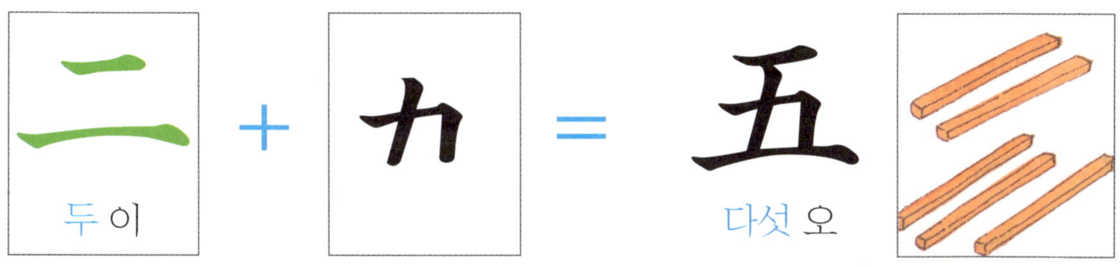

두 개에 세 개의 막대기를 더하니 다섯 개가 됩니다.

二부수의 한자에 ○표 하세요.

열 십(十)에 대해 알아봅시다.

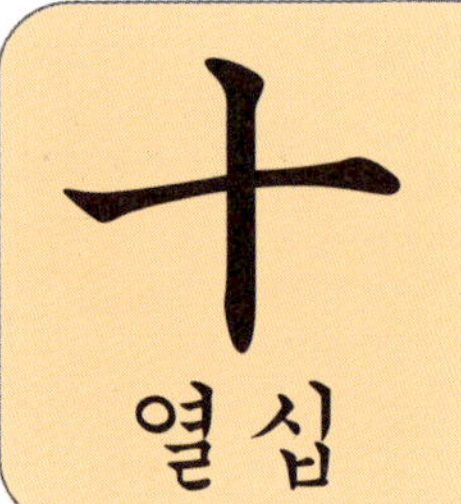

十
열 십

십이라고 읽습니다.
열 또는 완전하다는 뜻입니다.

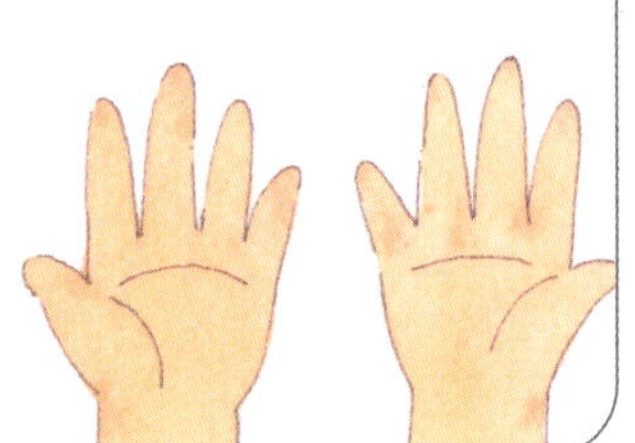

● **빈 칸에 알맞은 글을 쓰세요.**

十은 ☐ 이라고 읽고, ☐ 이라는 뜻입니다.

十은 열 개의 가지를 묶은 모양을 본뜬 한자입니다.

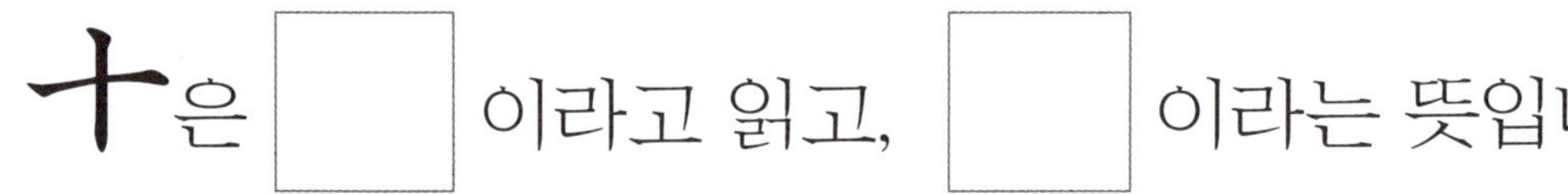

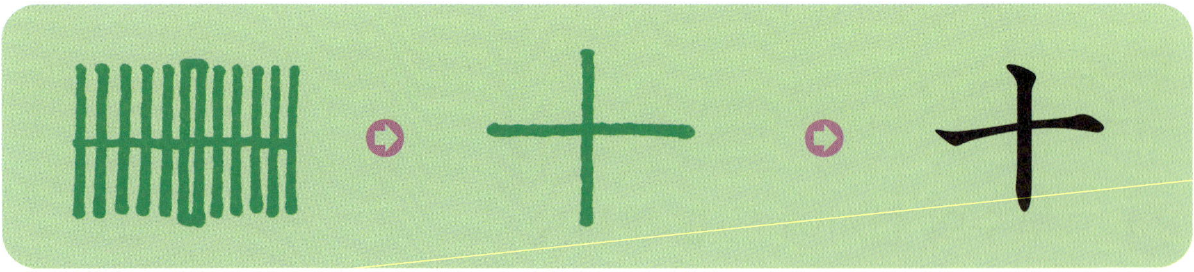

● **빈 칸에 알맞은 글을 쓰세요.**

十은 가지 ☐ 개를 묶은 모양의 한자입니다.

😊 필순에 따라 十을 바르게 쓰세요.

총 2획

十	十	十	十	十

● 뜻과 음을 소리내어 읽으면서 十을 쓰세요.

열 십	열 십	열 십	열 십	열 십
十	十	十	十	十

열 십	열 십	열 십	열 십	열 십
十	十	十	十	十

● 빈 칸에 알맞은 한자와 뜻, 음을 쓰세요.

十				열	십
한자	뜻	음	한자	뜻	음

😊 글을 읽고, 十이 나오는 낱말을 알아봅시다.

"애들아, 천천히 달려야지."
아버지께서 자전거를 타고
임진각을 향하는 十代(십대) 소년들에게 외쳤습니다.
"十里(십리)도 못가서 발 병 난다는 속담도 모르나?
처음부터 저렇게 속도를 내다가는 중간에서 포기하기 十常(십상)이지."
아니나 다를까, 얼마 가지 않아서 그 소년들은
길거리에서 지쳐 쓰러져 있었습니다.

● 十代(십대) : 10세부터 19세까지의 청소년
● 十常(십상) : 거의 예외없이 그러할 것이라는 추측을 나타내는 말
● 十里(십리) : 거리의 단위로 약 3.93킬로미터

😊 빈 칸에 알맞은 한자를 쓰세요.

십	대		십	리		십	상
十	代		十	里		十	常
	代			里			常

😊 흐린 글자를 따라 쓰면서 十을 익히세요.

十은 십 이라고 읽고, 열 또는 완전하다 는 뜻입니다.

十은 열 개의 나뭇가지를 엮은 것 을 본뜬 한자입니다.

十의 획수는 총 2 획입니다.

十이 들어 있는 十 부수 의 한자는 열 또는

완전한 것 과 관련이 있습니다.

😊 뜻과 음을 크게 읽으면서, 十을 쓰세요.

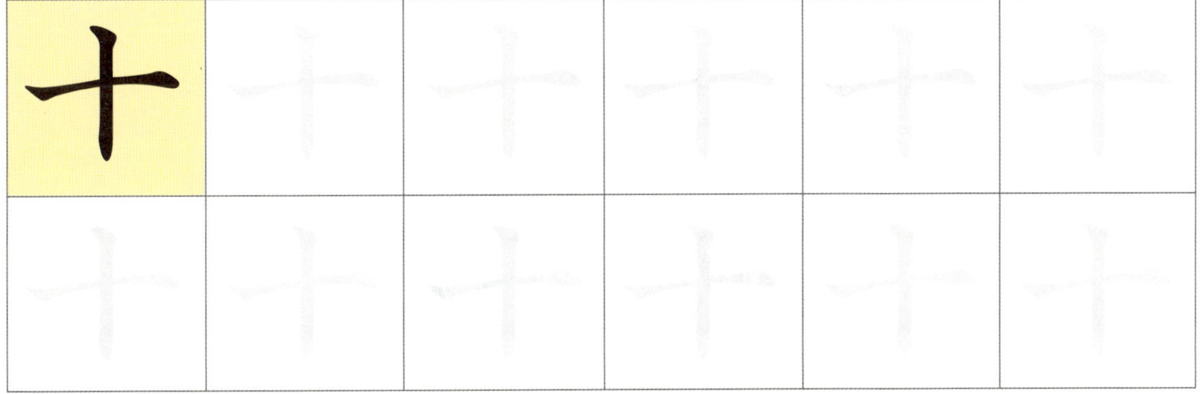

十부수의 한자를 알아봅시다.

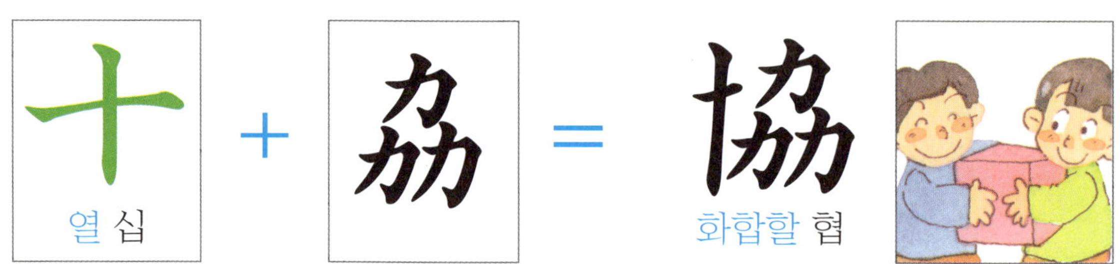

열 사람이 힘을 합하여 화합한다는 뜻입니다.

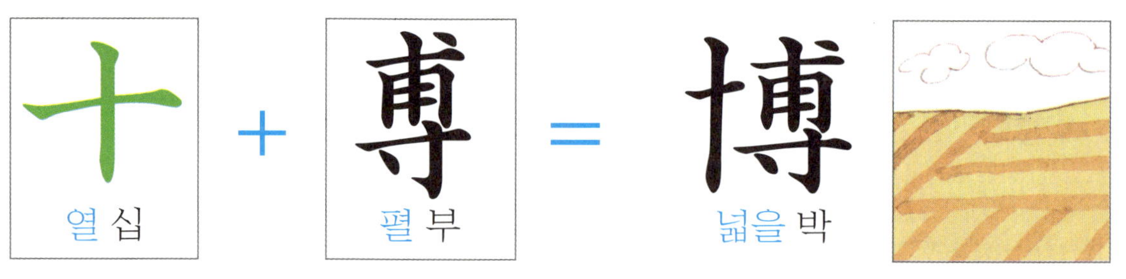

여러곳(十)에 널리 뜻을 펼친다는 뜻입니다.

十부수의 한자에 ○표 하세요.

😊 글월 문(文)에 대해 알아봅시다.

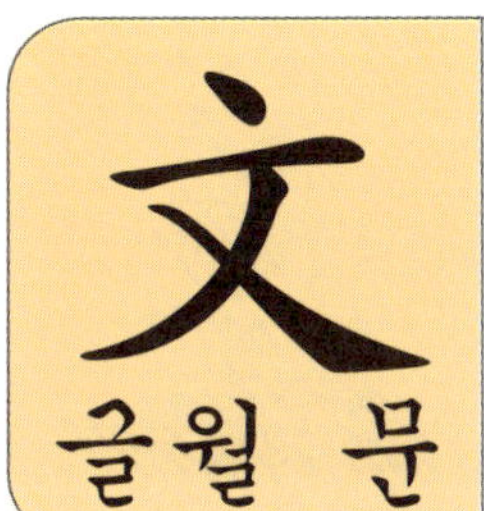 

文
글월 문

문이라고 읽습니다.
글 또는 무늬라는 뜻입니다.

● 빈 칸에 알맞은 글을 쓰세요.

文은 [　] 이라고 읽고, [　] 또는

[　][　] 라는 뜻입니다.

😊 文은 사람의 몸에 새긴 무늬를 본뜬 한자입니다.

  文

● 빈 칸에 알맞은 글을 쓰세요.

文은 몸에 새긴 [　][　] 를 본뜬 한자입니다.

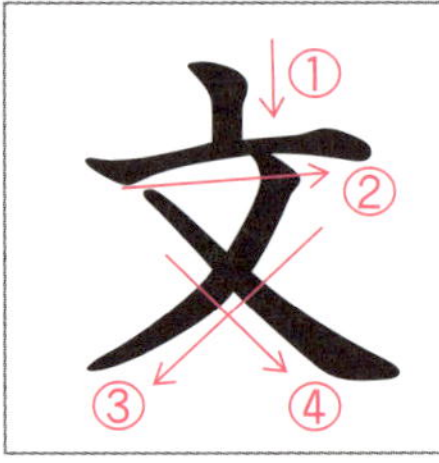 필순에 따라 文을 바르게 쓰세요.

총 4획

文 | 文 | 文 | 文 | 文

● 뜻과 음을 소리내어 읽으면서 文을 쓰세요.

글월 문	글월 문	글월 문	글월 문	글월 문
文				

글월 문	글월 문	글월 문	글월 문	글월 문
文				

● 빈 칸에 알맞은 한자와 뜻, 음을 쓰세요.

文				글월	문
한자	뜻	음	한자	뜻	음

글을 읽고, 文이 나오는 낱말을 알아봅시다.

민기 아버지는 文人(문인)입니다.
文人들은 文化(문화)를 발전시키는
사람들입니다.
전에는 文人들이 원고지에다
文字(문자)를 썼지만,
지금은 컴퓨터로 글을 쓰는
文人들이 많아지고 있습니다.

● 文人(문인) : 문학을 하는 사람   ● 文字(문자) : 글자
● 文化(문화) : 참다운 것을 찾고, 나아지려는 정신적 활동

빈 칸에 알맞은 한자를 쓰세요.

문	인	문	화	문	자
文	人	文	化	文	字
	人		化		字

😊 흐린 글자를 따라 쓰면서 文을 익히세요.

文 은 문 이라고 읽고, 글 또는 무늬 라는 뜻입니다.

文은 사람 몸에 새긴 무늬 를 본뜬 한자입니다.

文의 획수는 총 4 획입니다.

文이 들어 있는 文 부수 의 한자는 글 또는 무늬 와 관련이 있습니다.

😊 뜻과 음을 크게 읽으면서, 文을 쓰세요.

文	文	文	文	文
文	文	文	文	文

 文부수의 한자를 알아봅시다.

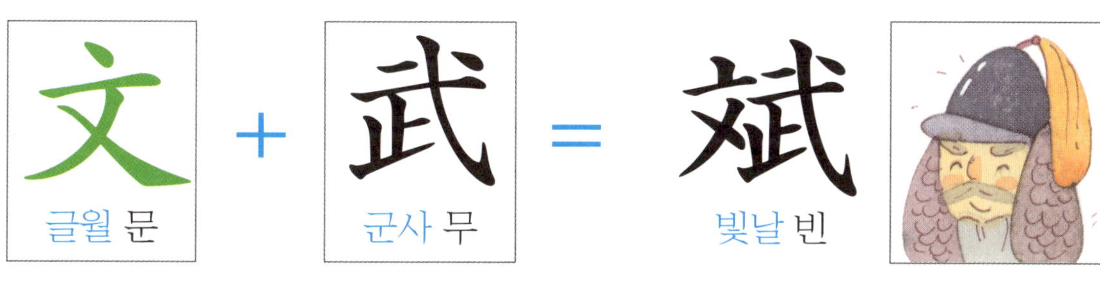

文 글월 문 + 武 군사 무 = 斌 빛날 빈

문무(文武)를 갖추었으니 빛이 납니다.

玨 쌍옥 각 + 文 글월 문 = 斑 얼룩질 반

빛나는 옥에 있는 무늬가 바로 얼룩입니다.

文부수의 한자에 ○표 하세요.

斑 얼룩질 반　　博 넓을 박　　協 화합할 협　　斌 빛날 빈

뜻과 음을 읽으면서, 이번 주에 배운 한자를 쓰세요.

한 일	한 일	한 일	한 일	한 일
一				

두 이	두 이	두 이	두 이	두 이
二				

열 십	열 십	열 십	열 십	열 십
十				

글월 문	글월 문	글월 문	글월 문	글월 문
文				

그림과 관계 있는 한자를 이으세요.

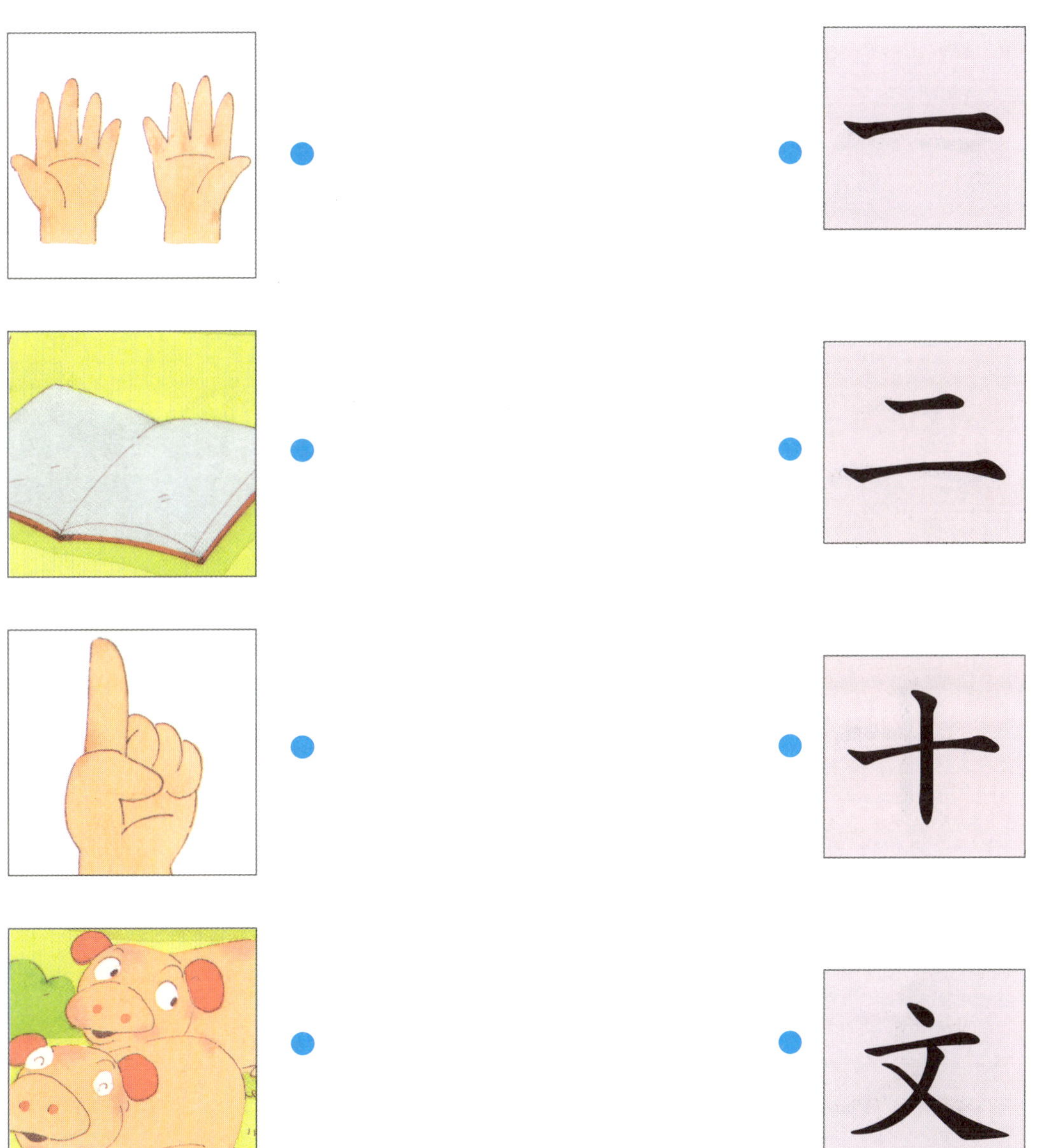

부수가 같은 한자끼리 선을 이으세요.

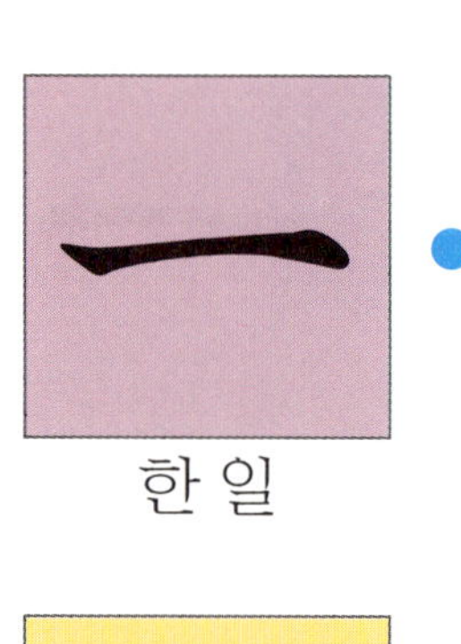
한 일

두 이

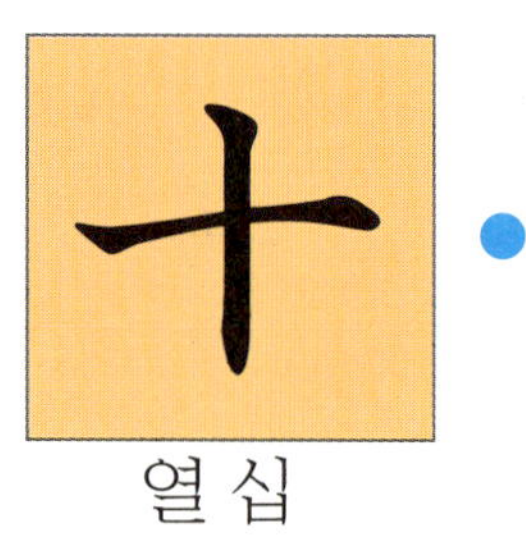
열 십

글월 문

화합할 협

빛날 빈

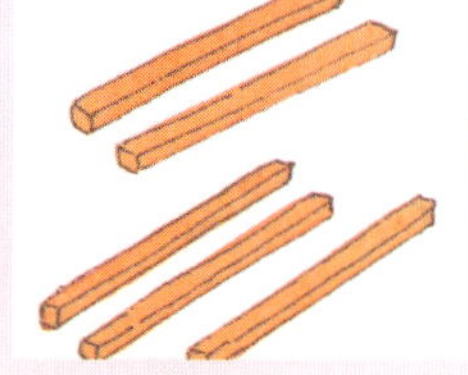
다섯 오

석 삼

빈 칸에 알맞은 한자를 쓰세요.

일	류
	流

이	륜
	輪

십	대
	代

문	자
	字

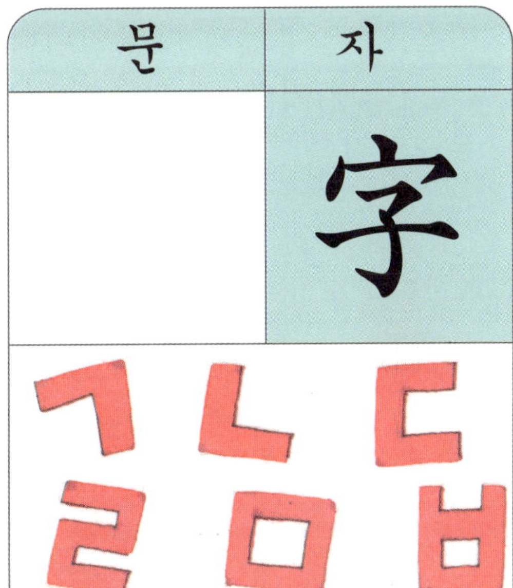

🐷 동화를 읽고, 빈 칸에 알맞은 한자를 쓰세요.

게으른 농부의 아들

한 농부가 병에 걸려 죽음을 앞두고 있었습니다.
착하게 살았기 때문에 후회는 없었지만,
아들이 걱정되었습니다. 너무 게을렀기 때문입니다.
그래서 유언장에 이런 文句(문구)를 남기고 죽었습니다.
'우리 밭에다 귀한 보물을 묻어 놓았다.'
이 유언을 보고 아들은 열심히 땅을 팠습니다.
一年(일년)이 지나고 二年(이년)이 지나도록 땅을 팠지만,
보물은 나오지 않았습니다.
"에이, 아버지가 나에게 거짓 文句를 남기셨어."
아들은 투덜거리면서, 그 땅에 곡식을 심었습니다.
매년 그 밭에서는 농사가 잘 되었습니다.
땅을 잘 일구었기 때문입니다.
十年(십년)이 지난 다음에야 아들은 아버지가 남긴 보물이
무엇인가를 알 수 있었습니다.

한 일	두 이	열 십	글월 문

보기에 따라 색칠하세요.

보기　一:파랑색,　二:검정색,　十:나무색,　文: 초록색

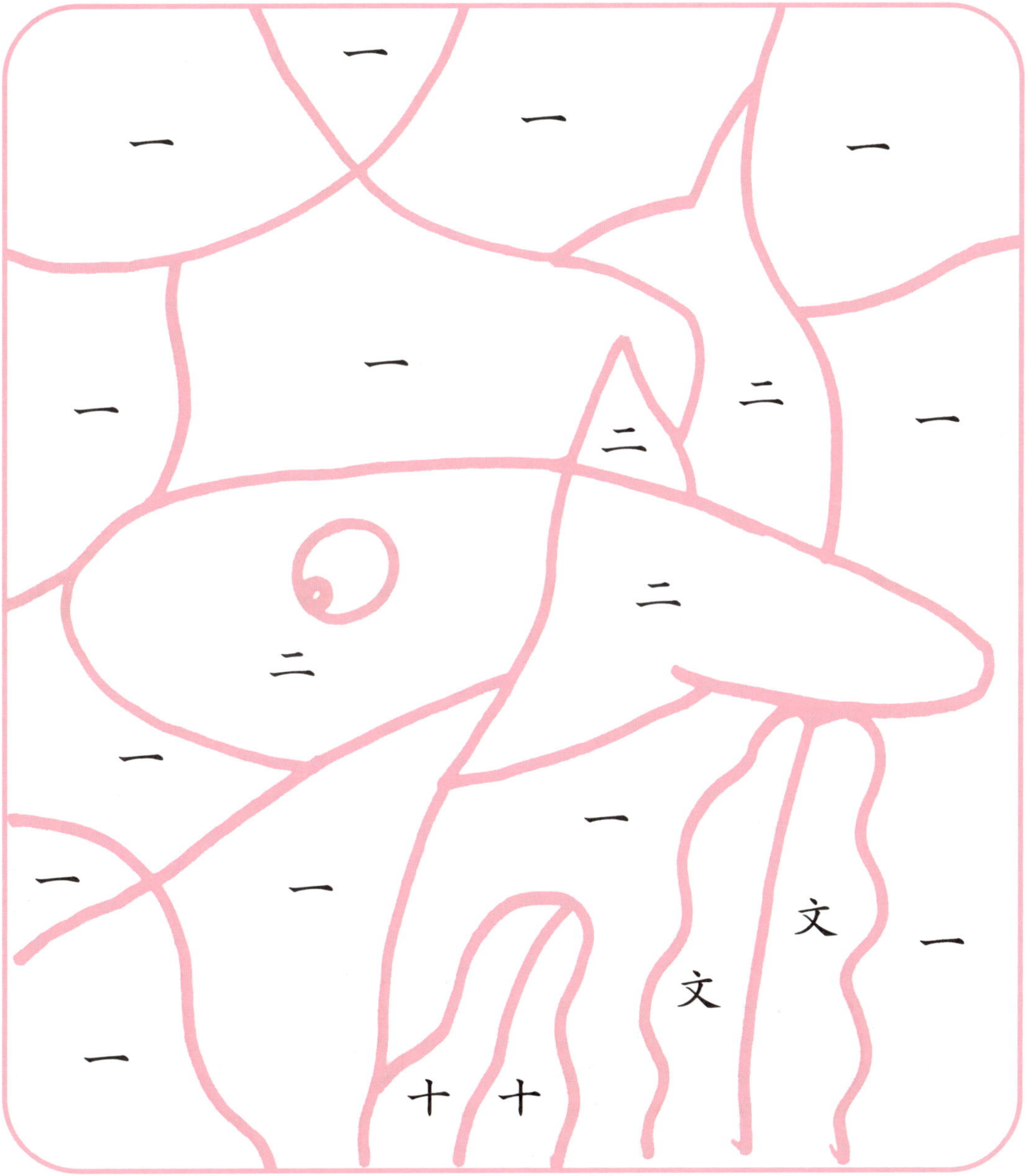

서로 알맞은 것끼리 이으세요.

一	二	十	文
하나	열	글월	둘
문	일	이	십

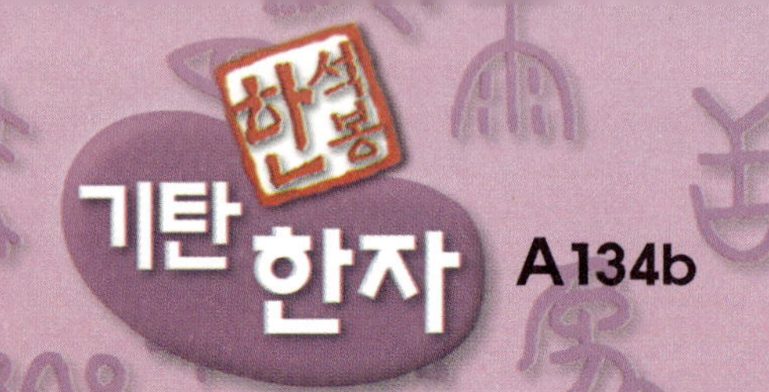

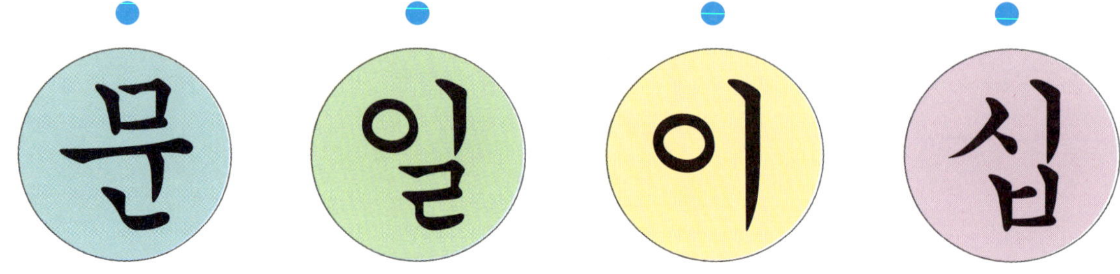

네모 안에서 숨은 한자를 찾아 색칠하고, 같은 음과 뜻을
찾아 연결하세요.

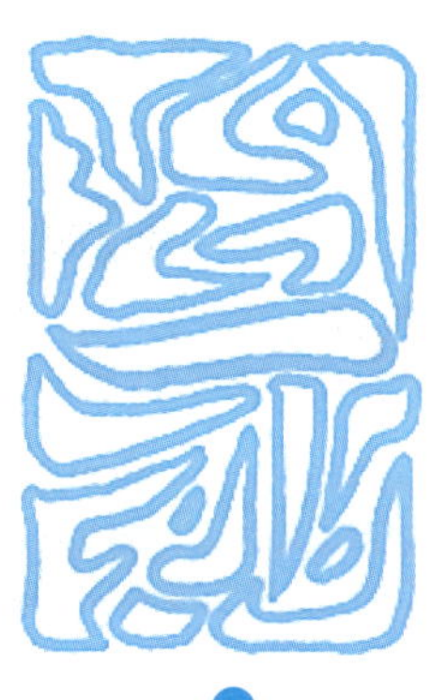
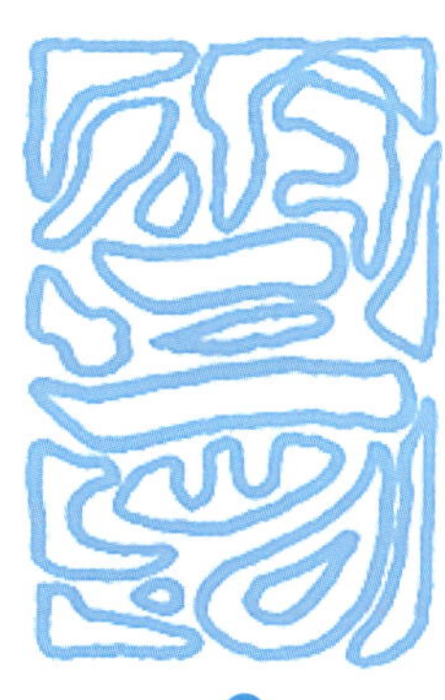

| 두이 | 열십 | 한일 | 글월 문 |

십년이 걸려도 넌 안 돼

선생님, 언제쯤 제 文學(문학)이 빛을 볼까요?

글쎄, 十年(십년)쯤 지나면 될까?
옛!

말도 안 되요, 一, 二年도 아닌 十年이라구요?
그럼 三十年!

어떻게 자꾸 늘어나요?
서두르면 서두를수록

끄응
시간이 더 걸리는 거야.

A 단계 교재 A136a-A150b

이번 주에 배울 한자

父	母	八	立
아비 부	어미 모	여덟 팔	설 립

금주평가	읽 기	쓰 기	이번 주는?
	Ⓐ 아주 잘함	Ⓐ 아주 잘함	· 학습방법 ① 매일매일 ② 가끔 ③ 한꺼번에 - 하였습니다.
	Ⓑ 잘함	Ⓑ 잘함	· 학습태도 ① 스스로 잘 ② 시켜서 억지로 - 하였습니다.
	Ⓒ 보통	Ⓒ 보통	· 학습흥미 ① 재미있게 ② 싫증내며 - 하였습니다.
	Ⓓ 부족함	Ⓓ 부족함	· 교재내용 ① 적합하다고 ② 어렵다고 ③ 쉽다고 - 하였습니다.

♣ 지도 교사가 부모님께	♣ 부모님이 지도 교사께

종합평가	Ⓐ 아주 잘함	Ⓑ 잘함	Ⓒ 보통	Ⓓ 부족함

원 교　　　반 이름　　　전화

지난 주에 배운 한자를 다시 한 번 써 보세요.

한 일 一	한 일	한 일	한 일	한 일

두 이 二	두 이	두 이	두 이	두 이

열 십 十	열 십	열 십	열 십	열 십

글월 문 文	글월 문	글월 문	글월 문	글월 문

이번 주에 배울 한자를 큰 소리로 읽어 보세요.

父 아비 부

母 어미 모

八 여덟 팔

立 설 립

 아비 (父)에 대해 알아봅시다.

父 아비 부	부라고 읽습니다. 아버지라는 뜻입니다. 

● 빈 칸에 알맞은 글을 쓰세요.

父 는 ☐ 라고 읽고, ☐ ☐ ☐ 라는 뜻입니다.

 父는 도끼를 든 아버지의 손을 본뜬 한자입니다.

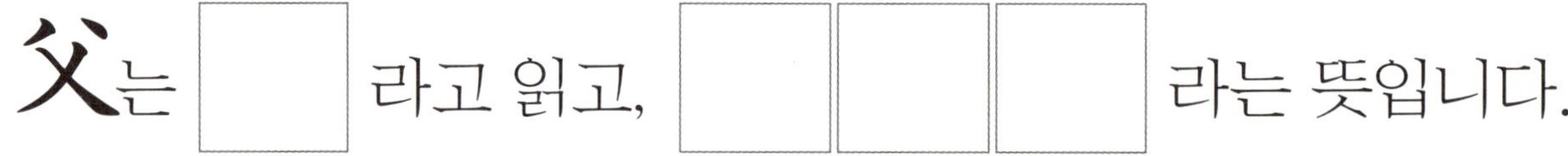

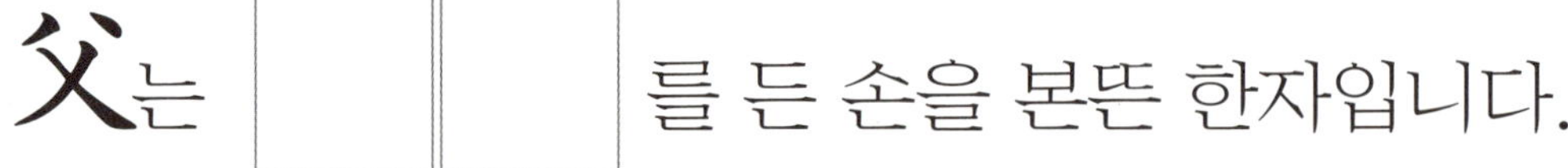

● 빈 칸에 알맞은 글을 쓰세요.

父 는 ☐ ☐ 를 든 손을 본뜬 한자입니다.

 필순에 따라 父를 바르게 쓰세요.

총 4획

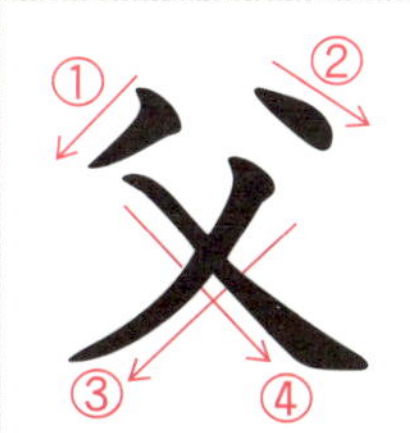

● 뜻과 음을 소리내어 읽으면서 父를 쓰세요.

아비 부	아비 부	아비 부	아비 부	아비 부
父				

아비 부	아비 부	아비 부	아비 부	아비 부
父				

● 빈 칸에 알맞은 한자와 뜻, 음을 쓰세요.

父				아비	부
한자	뜻	음	한자	뜻	음

글을 읽고, 父가 나오는 낱말을 알아봅시다.

"네 父親(부친)은 무얼하시니?"
"네 父親은 돈을 많이 버시니?"
"너희 집은 몇 평이니?"
제발 이런 질문 좀 하지 마세요.
우리 父母(부모)님과 우리 父子(부자)에게는
이런 질문만 해 주세요.
"행복한 가족이니?"

● 父親(부친) : 아버지의 높임말   ● 父母(부모) : 아버지와 어머니
● 父子(부자) : 아버지와 아들

빈 칸에 알맞은 한자를 쓰세요.

부	친	부	모	부	자
父	親	父	母	父	子
	親		母		子

😊 흐린 글자를 따라 쓰면서 父 를 익히세요.

> 父 는 부 라고 읽고, 아버지 라는 뜻입니다.
>
> 父 는 도끼를 든 아버지의 손 을 본뜬 한자입니다.
>
> 父 의 획수는 총 4 획입니다.
>
> 父 가 들어 있는 父 부수 의 한자는 아버지 와
> 관련이 있습니다.

😊 뜻과 음을 크게 읽으면서, 父 를 쓰세요.

父	父	父	父	父	父
父	父	父	父	父	

A138b

😊 父부수의 한자를 알아봅시다.

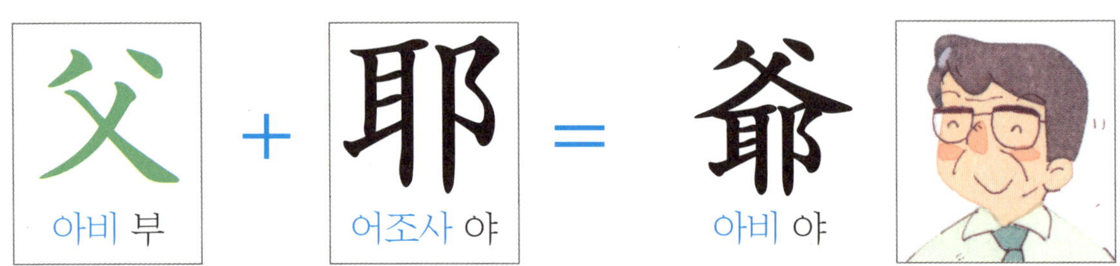

父 아비 부 + 耶 어조사 야 = 爺 아비 야

아버지나 남자를 부를 때 쓰는 존칭입니다.

😊 아비 부(父)를 한번 더 써 보세요.

아비 부	아비 부	아비 부	아비 부	아비 부
父				

😊 父부수의 한자를 찾아 ○표 하세요.

爺   協   斌   五

아비 야   협력할 협   빛날 빈   다섯 오

어미 모(母)에 대해 알아봅시다.

| 母
어 미 모 | 모라고 읽습니다.
어머니라는 뜻입니다. |

●빈 칸에 알맞은 글을 쓰세요.

는 □라고 읽고, □□□라는 뜻입니다.

母는 어머니의 가슴을 본뜬 한자입니다.

 ➡ 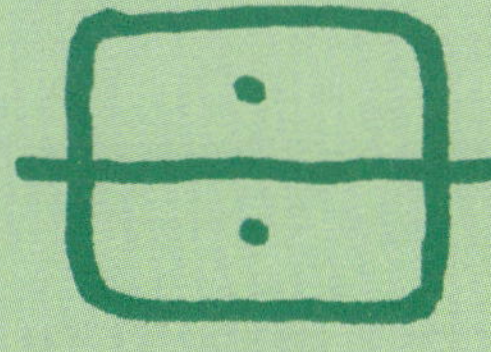 ➡ 

●빈 칸에 알맞은 글을 쓰세요.

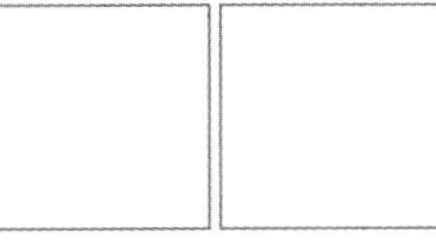는 어머니의 □□을 본뜬 한자입니다.

😊 필순에 따라 母를 바르게 쓰세요.

총 5획

● 뜻과 음을 소리내어 읽으면서 母를 쓰세요.

어미 모	어미 모	어미 모	어미 모	어미 모
母				

● 빈 칸에 알맞은 한자와 뜻, 음을 쓰세요.

母		
한자	뜻	음

	어미	모
한자	뜻	음

글을 읽고, 母가 나오는 낱말을 알아봅시다.

나는 老母(노모)를 모시고 귀국했습니다.
10년만에 보는 母國(모국) 땅은
너무나 많이 변해 있었습니다.
나는 母校(모교)를 찾았습니다.
20년 전에는 내 키만했던 은행나무가
아름드리 나무로 변해 있었습니다.

● 老母(노모) : 늙으신 어머니   ● 母國(모국) : 조국
● 母校(모교) : 자기가 졸업한 학교

빈 칸에 알맞은 한자를 쓰세요.

노	모	모	국	모	교
老	母	母	國	母	校
老			國		校

흐린 글자를 따라 쓰면서 母를 익히세요.

母 는 모 라고 읽고, 어머니 라는 뜻입니다.

母 는 어머니의 가슴을 본뜬 한자입니다.

母 의 획수는 총 5 획입니다.

母 의 부수는 母 (말 무)입니다.

뜻과 음을 크게 읽으면서 母를 쓰세요.

母	母	母	母	母
母	母	母	母	母

참고 母가 들어간 한자를 알아봅시다.

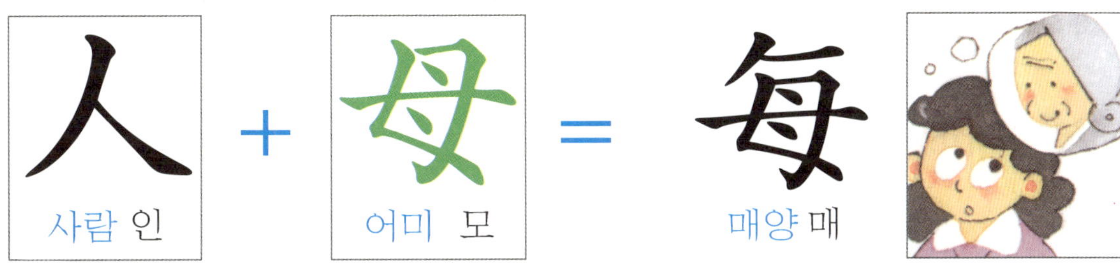

人 + 母 = 每
사람 인 · 어미 모 · 매양 매

사람은 매일 어머니를 그리워 합니다.
每는 毋(말 무) 부수의 한자입니다.

氵 + 每 = 海
삼수변 · 매양 매 · 바다 해

물이 매양 흘러가는 곳은 바다입니다.
海 는 氵(삼수변)부수의 한자입니다.

毋부수의 한자를 찾아 ○표 하세요.

爺　　每　　五　　斌
아비 야　　매양 매　　다섯 오　　빛날 빈

여덟 팔(八)에 대해 알아봅시다.

八

여덟 팔

팔이라고 읽습니다.
여덟이라는 뜻입니다.

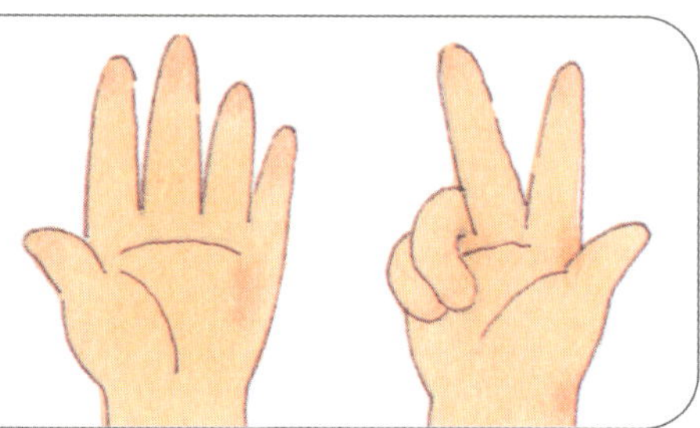

●빈 칸에 알맞은 글을 쓰세요.

八은 ☐ 이라고 읽고, ☐☐ 이라는 뜻입니다.

八은 펼친 손가락 여덟 개를 본뜬 한자입니다.

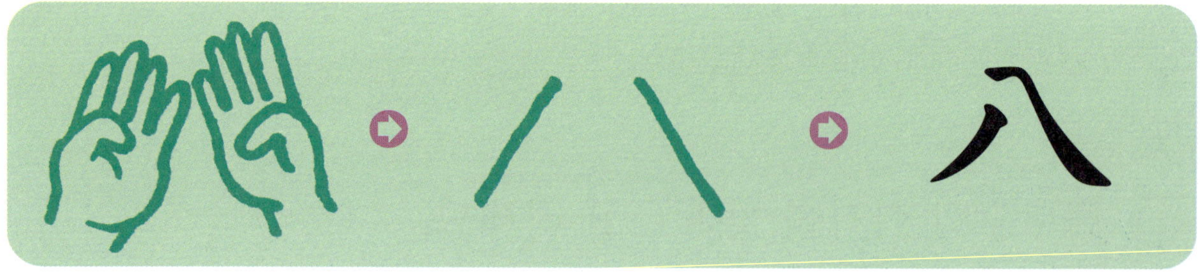

●빈 칸에 알맞은 글을 쓰세요.

八은 손가락 ☐☐ 개를 본뜬 한자입니다.

필순에 따라 八을 바르게 쓰세요

총 2획

● 뜻과 음을 소리내어 읽으면서 八을 쓰세요.

여덟 팔	여덟 팔	여덟 팔	여덟 팔	여덟 팔
八				

여덟 팔	여덟 팔	여덟 팔	여덟 팔	여덟 팔
八				

● 빈 칸에 알맞은 한자와 뜻, 음을 쓰세요.

八				여덟	팔
한자	뜻	음	한자	뜻	음

😊 글을 읽고, 八이 나오는 낱말을 알아봅시다.

우리 가족 八名(팔명)은 지난 일요일에
여행을 다녀 왔습니다.
경치 좋기로 유명한 단양 八景(팔경)이었습니다.
그곳에서 큰 식당을 하고 있는 아버지의 옛친구를 만났습니다.
"허어, 사람 八字(팔자) 시간 문제라더니……."
지금은 부자이지만 옛날에 그 분은 너무 가난해서
굶고 지낸 일이 많았다고 합니다.

● 八名(팔명) : 여덟 명   ● 八景(팔경) : 여덟 군데의 경치 좋은 곳
● 八字(팔자) : 사람의 평생 운수

😊 빈 칸에 알맞은 한자를 쓰세요.

팔	명	팔	경	팔	자
八	名	八	景	八	字
	名		景		字

😊 흐린 글자를 따라 쓰면서 八을 익히세요.

八은 팔 이라고 읽고, 여덟 이라는 뜻입니다.

八은 펼친 손가락 여덟 개를 본뜬 한자입니다.

八의 획수는 총 2 획입니다.

八이 들어 있는 八 부수 의 한자는 여덟 과
관련이 있습니다.

😊 뜻과 음을 크게 읽으면서, 八을 쓰세요.

八				

八이 부수인 한자를 알아봅시다.

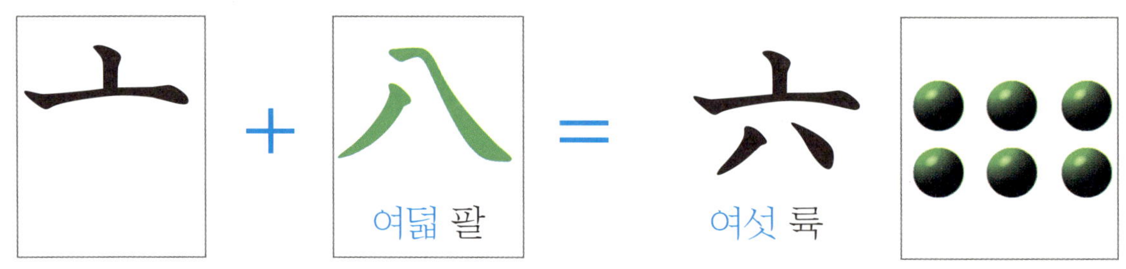

八 + 八(여덟 팔) = 六(여섯 륙)

8에서 2(八)를 빼면 6이 됩니다.

참고 八이 들어간 한자를 알아봅시다.

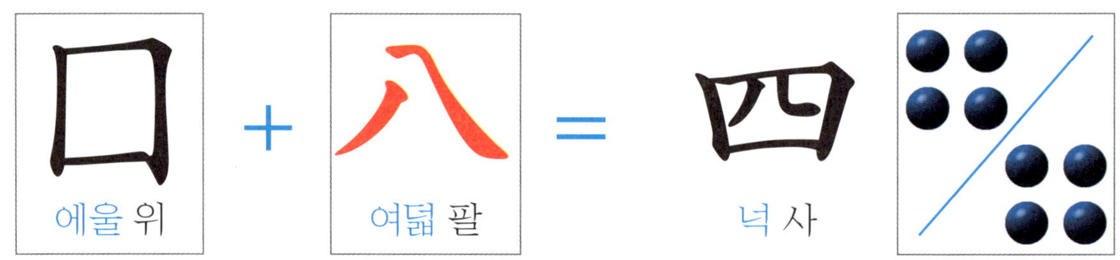

口(에울 위) + 八(여덟 팔) = 四(넉 사)

8을 에워싸서 반으로 나누니 4가 됩니다.
口부수는 큰입구몸이라고 합니다 / 四는 口부수의 한자입니다.

八부수의 한자에 ○표 하세요.

功(공 공)　四(넉 사)　每(매양 매)　六(여섯 륙)

🐝 설 립(立)에 대해 알아봅시다.

立
설 립

립 또는 입이라고 읽습니다.
선다는 뜻입니다.

●빈 칸에 알맞은 글을 쓰세요.

立은 ☐ 또는 ☐ 이라고 읽고

☐☐ 는 뜻입니다.

🐝 立은 사람이 서 있는 모습을 본뜬 한자입니다.

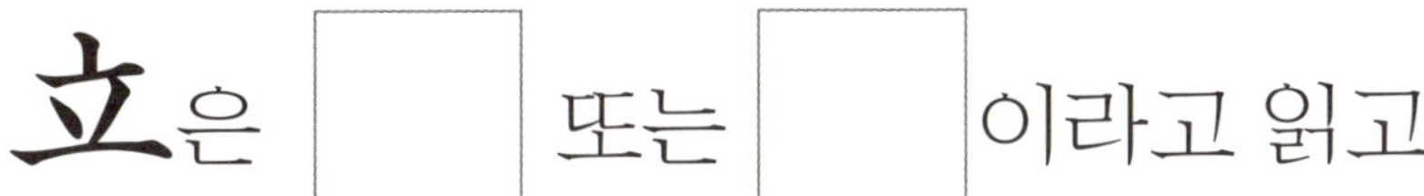

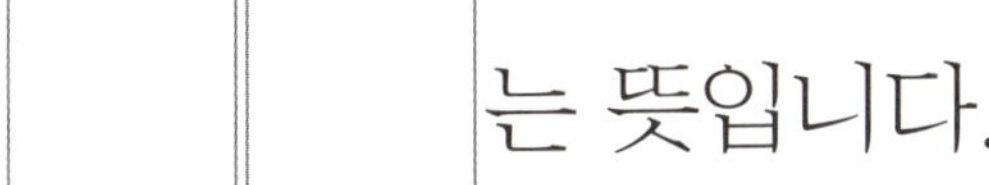

●빈 칸에 알맞은 글을 쓰세요.

立은 ☐☐ 이 서 있는 모습을 본뜬 한자입니다.

😊 필순에 따라 立을 바르게 쓰세요.

총 5획

立	立	立	立
立	立	立	立

● 뜻과 음을 소리내어 읽으면서 立을 쓰세요.

설 립	설 립	설 립	설 립	설 립
立				

● 빈 칸에 알맞은 한자와 뜻, 음을 쓰세요.

立		
한자	뜻	음

	설	립
한자	뜻	음

🙂 글을 읽고, 立이 나오는 낱말을 알아봅시다.

오늘은 8월 15일 광복절입니다.
우리 나라가 獨立(독립)한 날이지요.
우리는 모두 起立(기립)하여,
애국가를 불렀습니다.
한 달 전인 7월에는 제헌절이 있었습니다.
제헌절은 우리 나라 헌법을 立法(입법)한 것을
기념하는 날입니다.

- 獨立(독립):다른 것에 기대지 않고, 홀로 섬
- 起立(기립):일어 섬 ● 立法(입법): 법을 만듦

🙂 빈 칸에 알맞은 한자를 쓰세요.

독	립	기	립	입	법
獨	立	起	立	立	法
獨		起			法

흐린 글자를 따라 쓰면서 立을 익히세요.

立은 립 또는 입이라고 읽고, 선다 또는 서 있다 라는 뜻입니다.

立은 사람이 서 있는 모습을 본뜬 한자입니다.

立의 획수는 총 5 획입니다.

立이 들어 있는 立 부수의 한자는 서 있는 것과 관련이 있습니다.

뜻과 음을 크게 읽으면서, 立을 쓰세요.

立				

 立부수의 한자를 알아봅시다.

立 설 립 + 立 설 립 = 竝 나란히할 병

두 사람이 나란히 서 있는 모습입니다.

立 설 립 + 里 마을 리 = 童 아이 동

아이들이 마을 빈터에서 서서 논다는 뜻의 한자입니다.

 立부수의 한자에 ○표 하세요.

六 　 竝 　 童 　 四

여섯 륙 　 나란히할 병 　 아이 동 　 넉 사

뜻과 음을 읽으면서, 이번 주에 배운 한자를 쓰세요.

아비 부 父	아비 부	아비 부	아비 부	아비 부

어미 모 母	어미 모	어미 모	어미 모	어미 모

여덟 팔 八	여덟 팔	여덟 팔	여덟 팔	여덟 팔

설 립 立	설 립	설 립	설 립	설 립

서로 관계 있는 그림과 한자를 선으로 이으세요.

 •   • 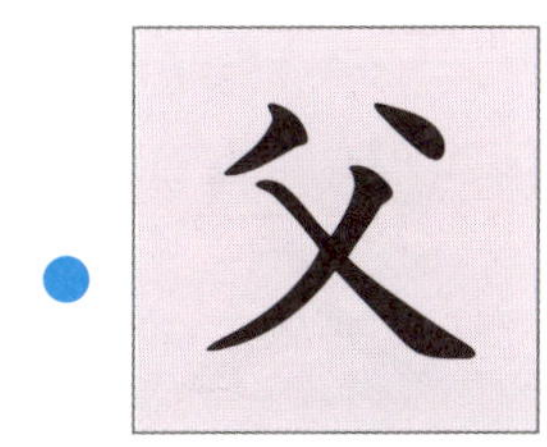

 •   • 

 •   • 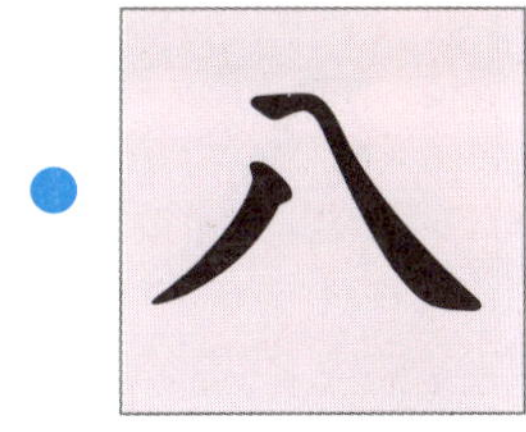

 •   • 

😊 부수가 같은 한자끼리 선을 이으세요.

父
아비 부

母
어미 모

八
여덟 팔

立
설 립

竝
나란히 할 병

爺
아비 야

六
여섯 륙

每
매양 매

빈 칸에 알맞은 한자를 쓰세요.

부	자
	子

부	모
父	

팔	경
	景

독	립
獨	

😊 동화를 읽고, 빈 칸에 알맞은 한자를 쓰세요.

용이 감탄한 효자

정조 임금은 父母(부모)님을 지극히 생각하는 효자였습니다.
정조는 아버지가 억울하게 돌아가신 것을 알았지만,
아버지를 구박했던 할아버지 때문에 立場(입장)이
난처하여 아버지 산소를 자주 찾아가지 못했습니다.
임금이 되고 나서야 비로소 아버지의 산소를
자주 찾아갔습니다. 그리고 八字(팔자)가
사나웠던 어머니도 지극하게 모셨습니다.
정조는 한 스님으로부터 설법을 듣고 나서,
아버지의 영혼을 위로하려고 수원 근처에 절을 세웠습니다.
절이 완공되던 날 밤이었습니다.
정조는 꿈을 꾸었습니다.
용 한 마리가 나타나서 여의주를 물고 하늘로
올라가는 꿈이었습니다.
용이 정조의 효심에 감동한 것이었습니다.
그래서 정조는 절 이름을 '용주사'라고 지었답니다.

아비 부	어미 모	여덟 팔	설 립

네모 안에서 숨은 한자를 찾아 색칠하고, 같은 음과 뜻을 찾아 연결하세요.

설 립	어미 모	아비 부	여덟 팔

서로 알맞은 것끼리 선을 이으세요.

父　母　八　立

어미　아비　여덟　설

부　모　립　팔

❖이름:　❖날짜:　❖시간　시　분~　시　분

보기에 따라 색칠하세요.

보기　父:빨강색,　母:나무색,　八:노랑색,　立: 파랑색

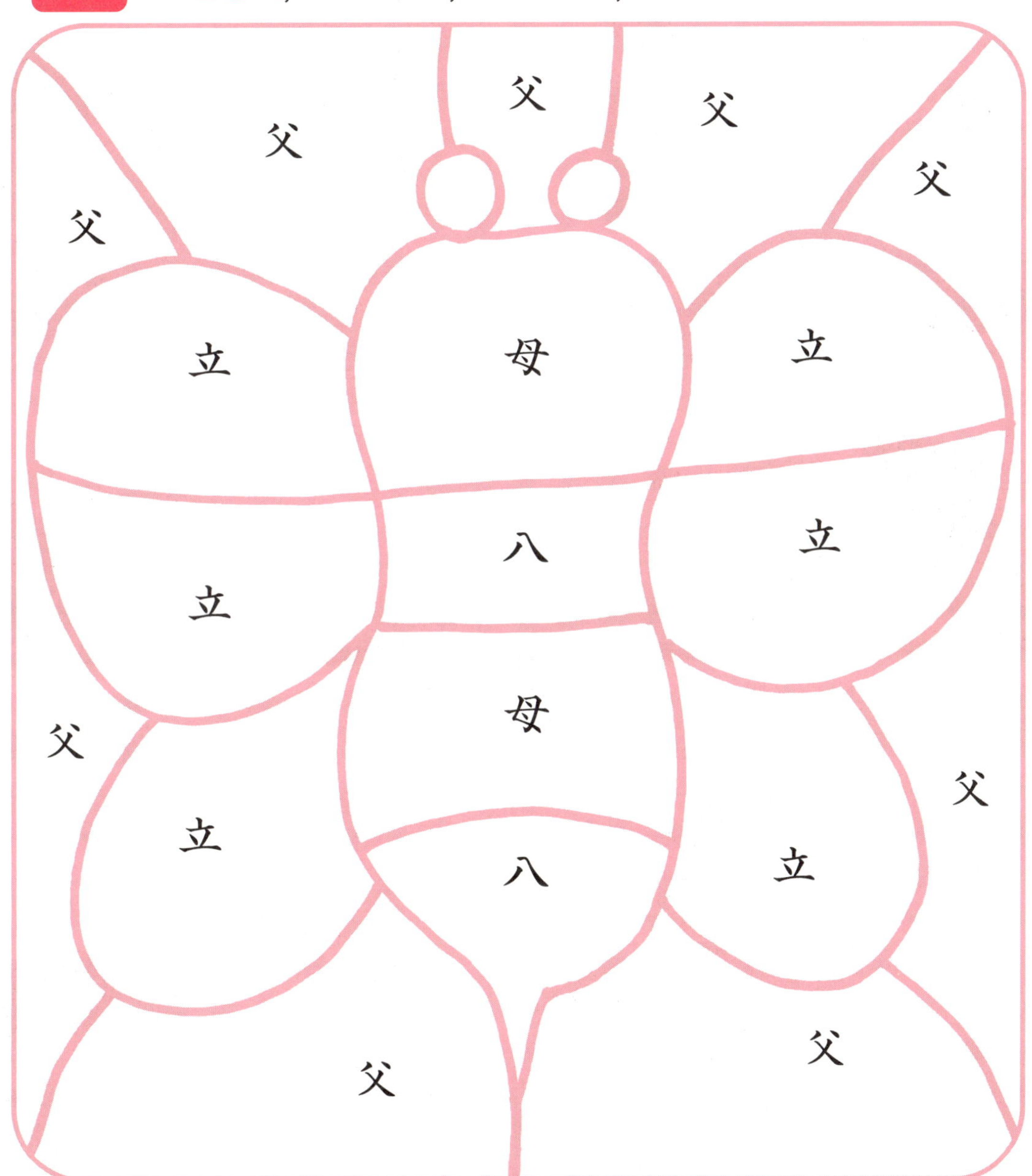

돈 내고 먹는 줄 알았지

酒母(주모),
술 한잔 주게
외상값이나
갚아요!

洒
인심 한번 사납군.

몰래 술 마시지 마세요!
立場 난처하게
하는군.

꿀 꿀
돼지 八字가
부럽군.

꽥
왜 그냥
두었어요?

난 돼지가
돈 내고 먹는 줄
알았지.
이 웬수!

이번 주에 배울 한자

斤	方	矢	巾
도끼 근	방법 방	화살 시	수건 건

금주평가	읽 기	쓰 기	이번 주는?
	Ⓐ 아주 잘함	Ⓐ 아주 잘함	· 학습방법 ❶ 매일매일 ❷ 가끔 ❸ 한꺼번에 - 하였습니다.
	Ⓑ 잘함	Ⓑ 잘함	· 학습태도 ❶ 스스로 잘 ❷ 시켜서 억지로 - 하였습니다.
	Ⓒ 보통	Ⓒ 보통	· 학습흥미 ❶ 재미있게 ❷ 싫증내며 - 하였습니다.
	Ⓓ 부족함	Ⓓ 부족함	· 교재내용 ❶ 적합하고 ❷ 어렵다고 ❸ 쉽다고 - 하였습니다.

♣ 지도 교사가 부모님께	♣ 부모님이 지도 교사께

종합평가	Ⓐ 아주 잘함	Ⓑ 잘함	Ⓒ 보통	Ⓓ 부족함

원
교   반 이름   전화

지난 주에 배운 한자를 다시 한 번 써 보세요.

아비 부	아비 부	아비 부	아비 부	아비 부
父				

어미 모	어미 모	어미 모	어미 모	어미 모
母				

여덟 팔	여덟 팔	여덟 팔	여덟 팔	여덟 팔
八				

설 립	설 립	설 립	설 립	설 립
立				

이번 주에 배울 한자를 큰 소리로 읽어 보세요.

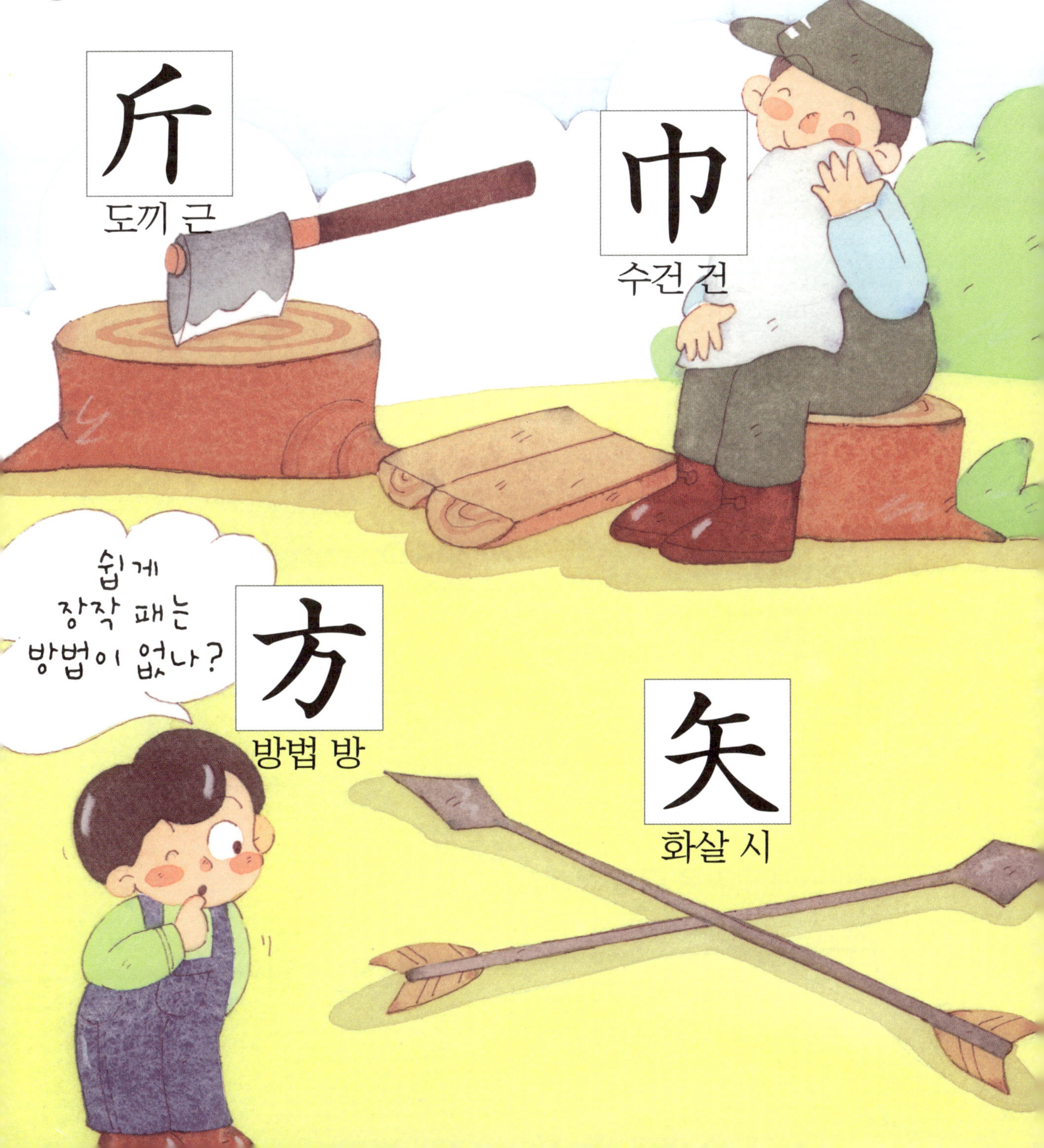

斤
도끼 근

巾
수건 건

方
방법 방

矢
화살 시

😊 도끼 근(斤)에 대해 알아봅시다.

斤
도끼 근

● 빈 칸에 알맞은 글을 쓰세요.

斤은 □ 이라고 읽고, □□ 라는 뜻입니다.

😊 斤은 도끼 모양을 본뜬 한자입니다.

 →  → 斤

● 빈 칸에 알맞은 글을 쓰세요.

斤은 □□ 모양을 본뜬 한자입니다.

필순에 따라 斤을 바르게 쓰세요.

총 4획

①②③④ 斤	斤	斤	斤	斤

●뜻과 음을 소리내어 읽으면서 斤을 쓰세요.

도끼 근	도끼 근	도끼 근	도끼 근	도끼 근
斤	斤	斤	斤	斤
도끼 근	도끼 근	도끼 근	도끼 근	도끼 근
斤	斤	斤	斤	斤

●빈 칸에 알맞은 한자와 뜻, 음을 쓰세요.

斤				도끼	근
한자	뜻	음	한자	뜻	음

글을 읽고, 斤이 나오는 낱말을 알아봅시다.

‘二斤(이근)에 3,000원’
나는 상가 정육점에 붙은 알림판을 보고,
어머니께 물었습니다.
“엄마, 斤이 뭐예요?”
“斤兩(근량)으로 단 600g의 무게를 말해.”
나는 斤이 무게 단위인 斤重(근중)이라는 것을
그제야 알았습니다.

● 斤兩(근량) : 무게의 단위인 근과 냥
● 斤重(근중) : 저울로 단 무게

빈 칸에 알맞은 한자를 쓰세요.

이	근	근	량	근	중
二	斤	斤	兩	斤	重
二			兩		重

😊 흐린 글자를 따라 쓰면서 斤을 익히세요.

斤은 근 이라고 읽고, 도끼 라는 뜻입니다.

斤은 도끼 모양을 본뜬 한자입니다.

斤의 획수는 총 4 획입니다.

斤이 들어 있는 斤 부수 의 한자는 도끼 또는

물건을 재는 단위 와 관련이 있습니다.

😊 뜻과 음을 크게 읽으면서 斤을 쓰세요.

斤	斤	斤	斤	斤
斤	斤	斤	斤	斤

😊 斤부수의 한자를 알아봅시다.

斤 도끼 근 + 丶 = 斥 물리칠 척 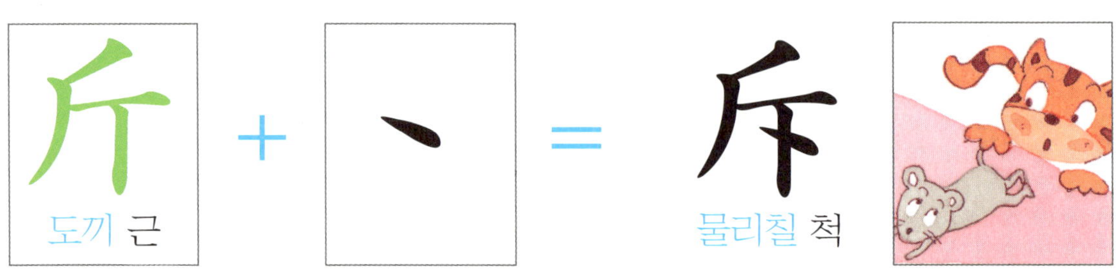

도끼로 찍어 적을 물리친다는 뜻입니다.

㡭 + 斤 도끼 근 = 斷 끊을 단 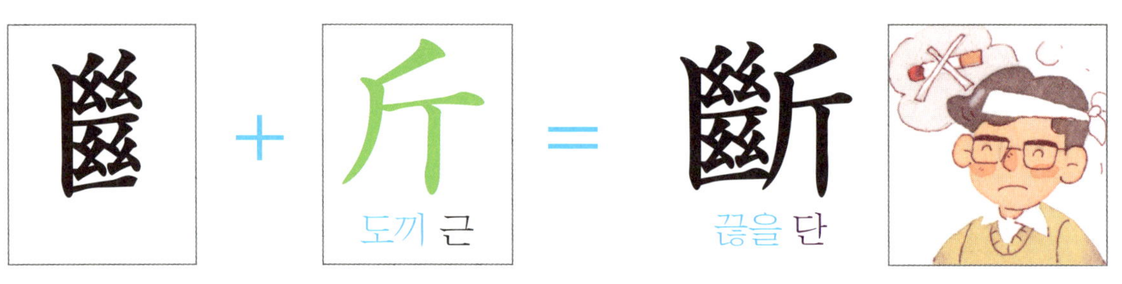

도끼로 조각을 내어, 끊는다는 뜻입니다.

😊 斤부수의 한자에 ○표 하세요.

 四 넉 사

 竝 나란히 할 병

 斥 물리칠 척

 斷 끊을 단

 방법 방(方)에 대해 알아봅시다.

方
방법 방

● 빈 칸에 알맞은 글을 쓰세요.

方은 ☐ 이라고 읽고, ☐ ☐ 또는

☐ ☐ 이라는 뜻입니다.

方은 밭을 가는 수단(방법)인 쟁기를 본뜬 한자입니다.

● 빈 칸에 알맞은 글을 쓰세요.

方은 밭을 가는 ☐ ☐ 를 본뜬 한자입니다.
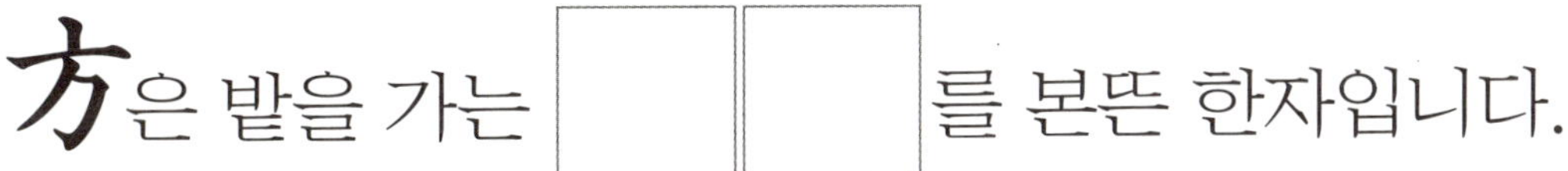

😊 필순에 따라 方을 바르게 쓰세요.

총 4획

方	方	方	方	方

● 뜻과 음을 소리내어 읽으면서 方을 쓰세요.

방법 방	방법 방	방법 방	방법 방	방법 방
方				

방법 방	방법 방	방법 방	방법 방	방법 방
方				

● 빈 칸에 알맞은 한자와 뜻, 음을 쓰세요.

方				방법	방
한자	뜻	음	한자	뜻	음

😊 글을 읽고, 方이 나오는 낱말을 알아봅시다.

“앗! 동전이?” .
눈 깜짝할 새에 동전이 떨어져서 보이지 않았어요.
“어느 方向(방향)으로 굴러 갔지?”
한참 후, 나는 동전이 벽장 틈 새에 끼인 것을 보았어요.
여러 方面(방면)으로 뛰어난 동생을 불렀어요.
그러나 동생도 자신 없는 표정을 지었어요.
동전을 꺼낼 方法(방법)이 없다는 거였어요.

● 方向(방향) : 나아가는 쪽   ● 方面(방면) : 뜻을 두거나 생각하는 분야
● 方法(방법) : 목적을 이루기 위한 수단

😊 빈 칸에 알맞은 한자를 쓰세요.

방	향	방	면	방	법
方	向	方	面	方	法
	向		面		法

😊 흐린 글자를 따라 쓰면서 方 을 익히세요.

方 은 방 이라고 읽고, 방법 또는 사방 이라는 뜻입니다.

方 은 밭을 가는 쟁기 를 본뜬 한자입니다.

方 의 획수는 총 4 획입니다.

方 이 들어 있는 方 부수 의 한자는 방법 또는 방향 과 관련이 있습니다.

😊 뜻과 음을 크게 읽으면서 方을 쓰세요.

方					

참고 方이 들어간 한자를 알아봅시다.

言
말씀 언

\+

方
사방 방

\=

訪
찾을 방

사방에 말을 하여 찾는다는 뜻입니다.
訪은 言부수의 한자입니다.

阝(阜)
언덕 부

\+

方
사방 방

\=

防
막을 방

사방에 언덕을 쌓아 막는다는 뜻입니다.
防은 阜(阝) 부수의 한자입니다.

方이 들어간 한자에 〇표 하세요

防　　　斥　　　每　　　訪

막을 방　　　물리칠 척　　　매양 매　　　찾을 방

😊 화살 시(矢)에 대해 알아봅시다.

矢
화 살 시

시라고 읽습니다.
화살이라는 뜻입니다.

●빈 칸에 알맞은 글을 쓰세요.

矢는 [ ] 라고 읽고, [ ][ ] 이라는 뜻입니다.

😊 矢는 편지를 묶은 화살을 본뜬 한자입니다.

●빈 칸에 알맞은 글을 쓰세요.

矢는 편지를 묶은 [ ][ ]을 본뜬 한자입니다.

 필순에 따라 矢를 바르게 쓰세요.

종 5획

● 뜻과 음을 소리내어 읽으면서 矢 를 쓰세요.

화살 시	화살 시	화살 시	화살 시	화살 시
矢				

● 빈 칸에 알맞은 한자와 뜻, 음을 쓰세요.

矢		
한자	뜻	음

	화살	시
한자	뜻	음

😊 글을 읽고, 矢가 나오는 낱말을 알아봅시다.

> 옛날에 중국인들은 우리 나라를 '동이(東夷)'라고 했어요.
> 활을 잘 쏘는 민족이란 뜻이에요.
> 활쏘기의 嚆矢(효시)는 언제부터였을까요?
> 그건 잘 모르겠지만,
> 나는 과녁을 노려보면서
> 활시위를 당기고 있어요.
> 矢言(시언)하지 않고, 矢心(시심)으로만요.

- 嚆矢(효시):맨 처음
- 矢言(시언):말로 맹세함
- 矢心(시심):마음 속으로 다짐함

😊 빈 칸에 알맞은 한자를 쓰세요.

효	시	시	언	시	심
嚆	矢	矢	言	矢	心
嚆			言		心

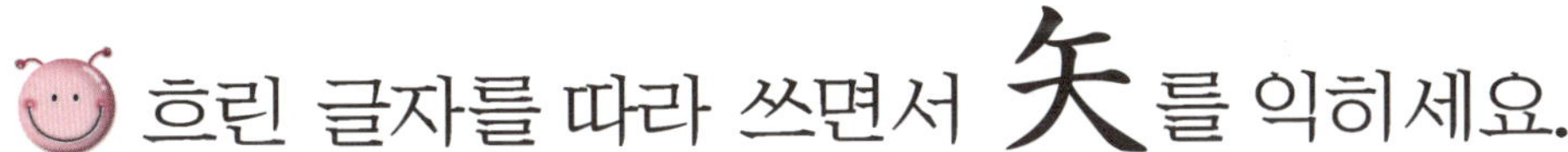

😊 흐린 글자를 따라 쓰면서 矢를 익히세요.

矢는 시 라고 읽고, 화살 이라는 뜻입니다.

矢는 편지를 묶은 화살 을 본뜬 한자입니다.

矢의 획수는 총 5 획입니다.

矢가 들어 있는 矢 부수 의 한자는 화살 과 관련이 있습니다.

😊 뜻과 음을 크게 읽으면서, 矢를 쓰세요.

矢				

😊 矢부수의 한자를 알아봅시다.

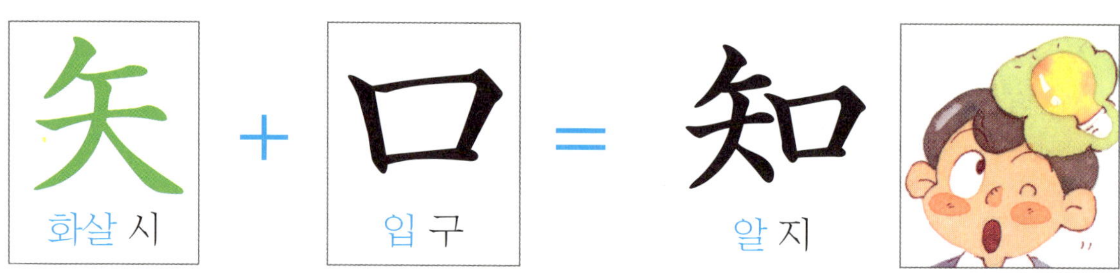

矢 (화살 시) + 口 (입 구) = 知 (알 지)

사람의 말을 화살처럼 빨리 알아듣는다는 뜻입니다.

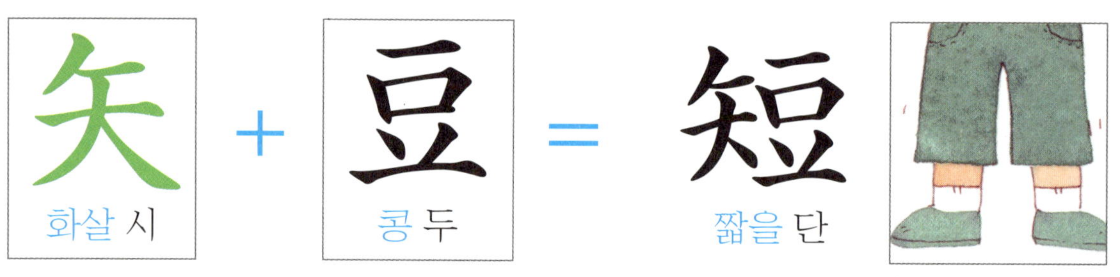

矢 (화살 시) + 豆 (콩 두) = 短 (짧을 단)

옛날에는 짧은 것은 화살로, 적은 것은 콩으로 비유했답니다.

😊 矢부수의 한자에 ○표 하세요.

斥 (배척할 척)   訪 (찾을 방)   短 (짧을 단)   知 (알 지)

😊 수건 건(巾)에 대해 알아봅시다.

<table>
<tr><td>巾
수건 건</td><td>건이라고 읽습니다.
수건이라는 뜻입니다.</td><td>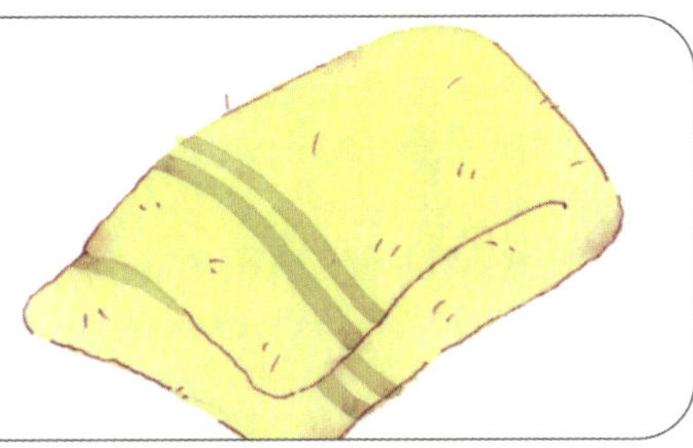</td></tr>
</table>

●빈 칸에 알맞은 글을 쓰세요.

巾은 [　] 이라고 읽고, [　][　] 이라는 뜻입니다.

😊 巾은 사람이 천을 감고 있는 모습을 본뜬 한자입니다.

●빈 칸에 알맞은 글을 쓰세요.

巾은 [　] 을 감은 사람을 본뜬 한자입니다.

● 필순에 따라 巾을 바르게 쓰세요.

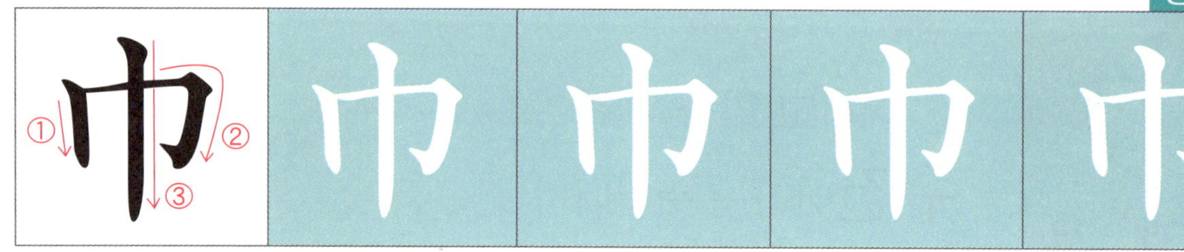

● 뜻과 음을 소리내어 읽으면서 巾을 쓰세요.

수건 건	수건 건	수건 건	수건 건	수건 건
巾				

수건 건	수건 건	수건 건	수건 건	수건 건
巾				

● 빈 칸에 알맞은 한자와 뜻, 음을 쓰세요.

巾				수건	건
한자	뜻	음	한자	뜻	음

😊 글을 읽고, 巾이 나오는 낱말을 알아봅시다.

한참을 달렸더니, 온몸에서 땀이 났습니다.
나는 달리면서 手巾(수건)으로 땀을 훔쳤습니다.
돌아보니 태식이는 아예 手巾으로
頭巾(두건)을 만들어 쓰고 있었습니다.
그 모습이 마치 網巾(망건)을 쓴
옛날 사람 같았습니다.

- 手巾(수건): 얼굴이나 몸 등을 닦는 헝겊
- 頭巾(두건): 장례식 때 머리에 쓰는 장식
- 網巾(망건): 상투 튼 사람이 머리에 두르는 그물 모양의 물건

😊 빈 칸에 알맞은 한자를 쓰세요.

두	건	수	건	망	건
頭	巾	手	巾	網	巾
頭		手		網	

흐린 글자를 따라 쓰면서 巾 을 익히세요.

巾 은 건 이라고 읽고, 수건 이라는 뜻입니다.

巾 은 천을 감고 있는 사람 을 본뜬 한자입니다.

巾 의 획수는 총 3 획입니다.

巾 이 들어 있는 巾 부수 의 한자는 수건 또는 천 과 관련이 있습니다.

뜻과 음을 크게 읽으면서, 巾을 쓰세요.

巾					

 巾부수의 한자를 알아봅시다.

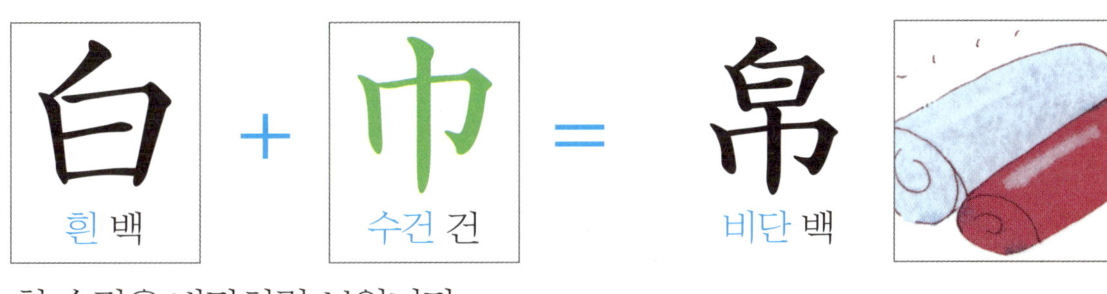

白
흰 백

＋

巾
수건 건

＝

帛
비단 백

흰 수건은 비단처럼 보입니다.

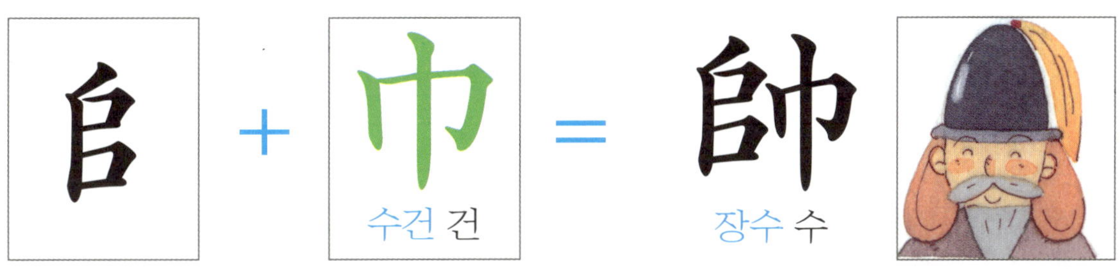

自
＋

巾
수건 건

＝

帥
장수 수

중요한 장수는 수건 같은 깃발에 싸여 있습니다.

巾부수의 한자를 찾아 ○표 하세요.

帥   知   帛   防

장수 수   알 지   비단 백   막을 방

😊 뜻과 음을 읽으면서, 이번 주에 배운 한자를 쓰세요.

도끼 근	도끼 근	도끼 근	도끼 근	도끼 근
斤				

방법 방	방법 방	방법 방	방법 방	방법 방
方				

화살 시	화살 시	화살 시	화살 시	화살 시
矢				

수건 건	수건 건	수건 건	수건 건	수건 건
巾				

 서로 맞는 것끼리 선을 이어 보세요.

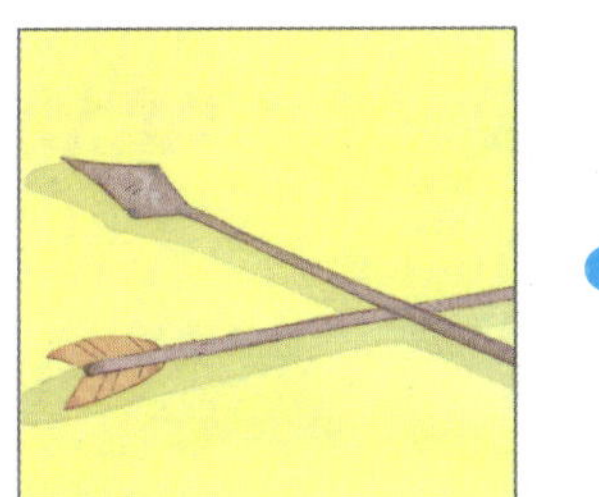

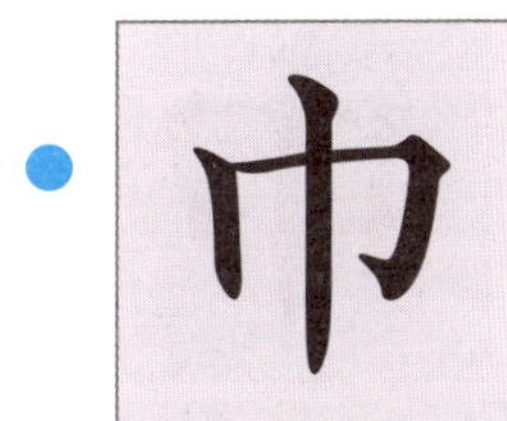

서로 관계 있는 한자끼리 선을 이으세요.

斤
도끼 근

方
방법 방

矢
화살 시

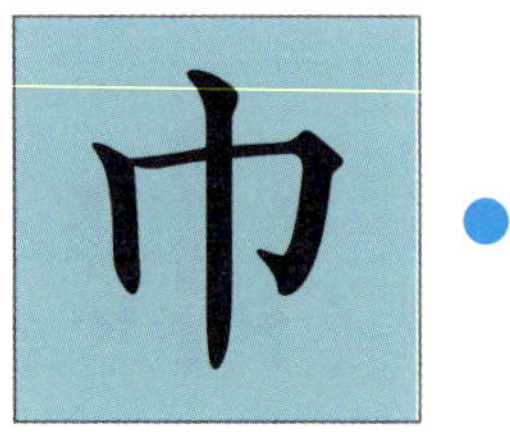
巾
수건 건

訪
찾을 방

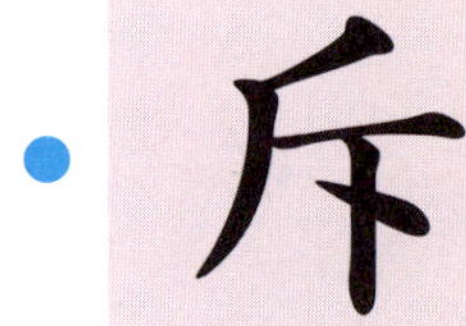
斥
배척할 척

知
알 지

帛
비단 백

빈 칸에 알맞은 한자를 쓰세요.

근	중
	重

방	법
	法

시	언
	言

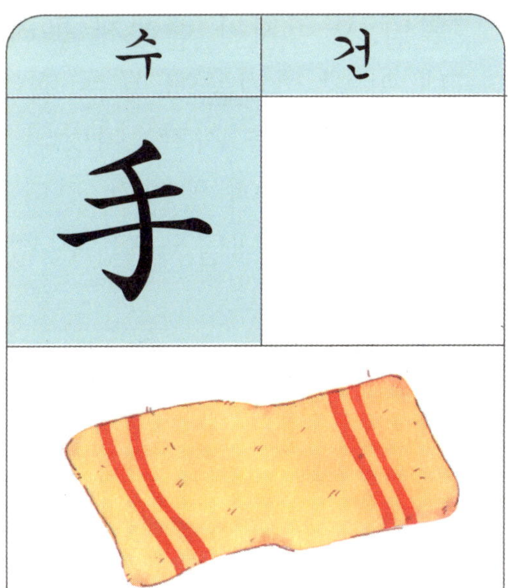

수	건
手	

😊 동화를 읽고, 빈 칸에 알맞은 한자를 쓰세요.

지혜로운 아들

어느 고을에 욕심 많고 사나운 원님이 있었습니다.
추운 겨울날, 원님은 이방에게 말했습니다.
"딸기 한 斤(근)을 구해 오지 않으면 혼을 내겠다."
겨울에 딸기가 있을 리 없었습니다.
그러나 이방은 머리에 頭巾(두건)을 쓰고,
눈길을 나섰습니다.
이방이 四方(사방)을 돌아다녔지만,
딸기를 구할 수 없었습니다.
집에 돌아온 이방이 아들에게 걱정했습니다.
"염려마셔요, 아버지. 제가 해결할 게요."
아들은 원님을 골려 주겠다고 矢心(시심)을 했습니다.
"원님, 아버지가 뱀에게 물려서 딸기를 구하지 못했습니다."
"네 이놈! 한겨울에 무슨 뱀이 있단 말이냐?"
원님이 호통을 치자, 이방의 아들이 대답했습니다.
"그럼 한겨울에 딸기가 없다는 것도 잘 아시겠네요?"
원님은 아무 대답도 할 수 없었습니다.

도끼 근	화살 시	수건 건	방향 방

네모 안에서 숨은 한자를 찾아 색칠하고, 같은 음과 뜻을 찾아 연결하세요.

수건 건　도끼 근　화살 시　방법 방

서로 알맞은 것끼리 선을 이으세요.

斤　方　矢　巾

수건　방법　화살　도끼

근　시　전　방

보기에 따라 색칠하세요.

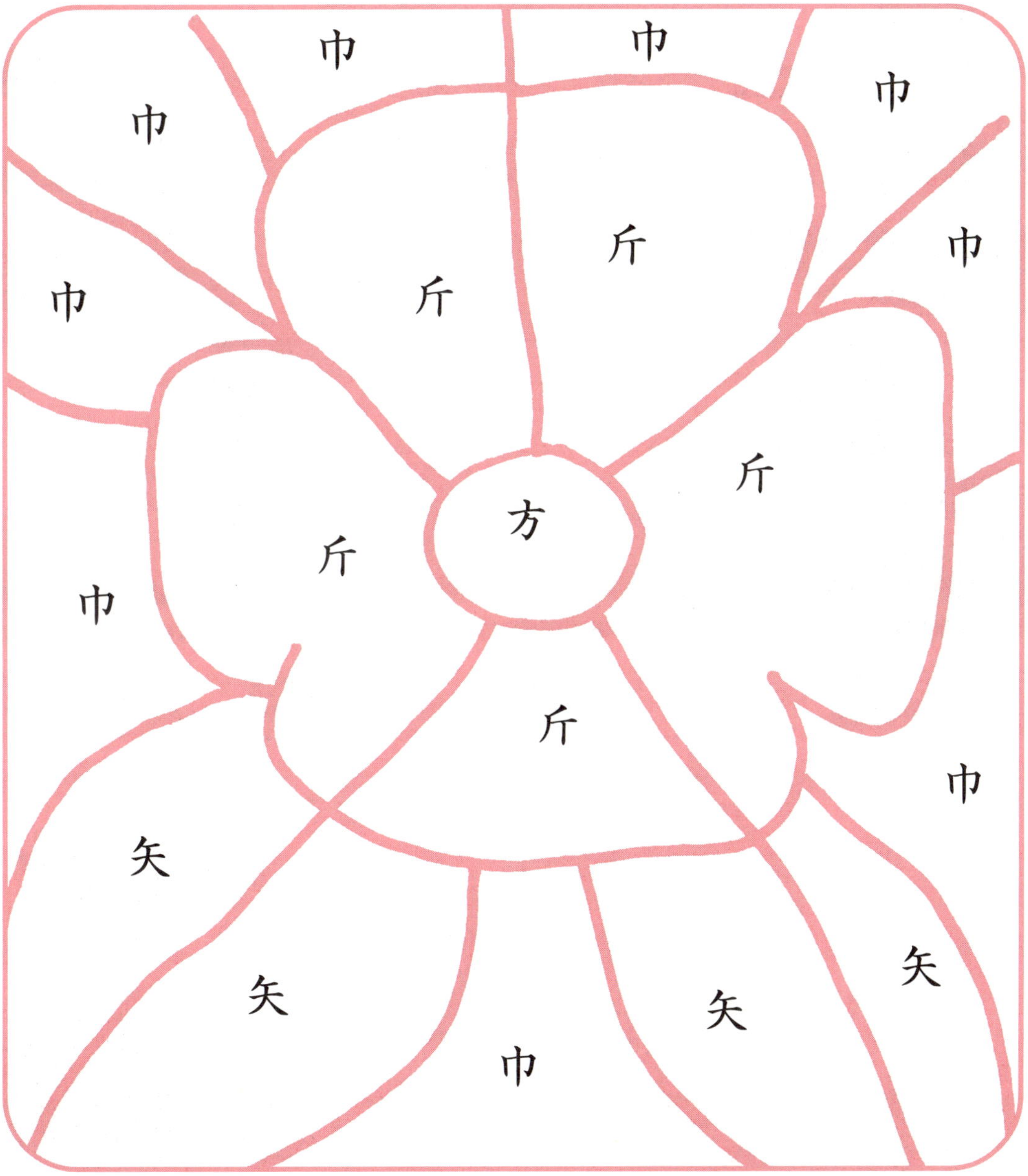

돼지 눈엔 돼지로 보인다

頭巾 쓴 대사가 돼지 같군요.
!!

그냥 넘어갈 순 없지!
하하, 전하는 신선처럼 보입니다.

대사, 아부가 심한 것 아니오?
천만의 말씀입니다요.

아부가 아니라고?

원래 신선의 눈에는 모든 사람이 신선으로 보이거든요.
에고 부끄…
그럼 내가 돼지? 당했다!

A 단계 교재 A166a-A180b

이번 주에 배울 한자

玉	竹	田	米
구슬 옥	대 죽	밭 전	쌀 미

금주평가	읽 기	쓰 기	이번 주는?
	Ⓐ 아주 잘함	Ⓐ 아주 잘함	· 학습방법 ① 매일매일 ② 가끔 ③ 한꺼번에 - 하였습니다.
	Ⓑ 잘함	Ⓑ 잘함	· 학습태도 ① 스스로 잘 ② 시켜서 억지로 - 하였습니다.
	Ⓒ 보통	Ⓒ 보통	· 학습흥미 ① 재미있게 ② 싫증내며 - 하였습니다.
	Ⓓ 부족함	Ⓓ 부족함	· 교재내용 ① 적합하다고 ② 어렵다고 ③ 쉽다고 - 하였습니다.

♣ 지도 교사가 부모님께	♣ 부모님이 지도 교사께

종합평가	Ⓐ 아주 잘함	Ⓑ 잘함	Ⓒ 보통	Ⓓ 부족함

원교　　　반 이름　　　전화

지난 주에 배운 한자를 다시 한 번 써 보세요.

도끼 근	도끼 근	도끼 근	도끼 근	도끼 근
斤				

방법 방	방법 방	방법 방	방법 방	방법 방
方				

화살 시	화살 시	화살 시	화살 시	화살 시
矢				

수건 건	수건 건	수건 건	수건 건	수건 건
巾				

이번 주에 배울 한자를 큰 소리로 읽으세요.

玉
구슬 옥

田
밭 전

竹
대 죽

米
쌀 미

 구슬 옥(玉)에 대해 알아봅시다.

| 玉
구슬 옥 | 옥이라고 읽습니다.
구슬이라는 뜻입니다. |  |

● 빈 칸에 알맞은 글을 쓰세요.

玉은 [ ] 이라 읽고, [ ] [ ] 이라는 뜻입니다.

玉은 실에 꿴 구슬을 본뜬 한자입니다.

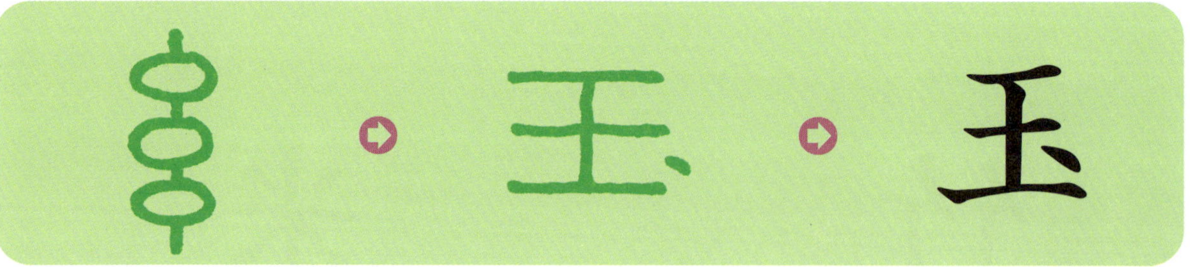

● 빈 칸에 알맞은 글을 쓰세요.

玉은 실에 꿴 [ ] [ ] 을 본뜬 한자입니다.

🐛 필순에 따라 玉을 바르게 쓰세요.

종 5획

玉	玉	玉	玉	玉
玉	玉	玉	玉	玉

● 뜻과 음을 소리내어 읽으면서 玉을 쓰세요.

구슬 옥	구슬 옥	구슬 옥	구슬 옥	구슬 옥
玉	玉	玉	玉	玉

● 빈 칸에 알맞은 한자와 뜻, 음을 쓰세요.

玉				구슬	옥
한자	뜻	음	한자	뜻	음

글을 읽고, 玉이 나오는 낱말을 알아봅시다.

뒷산 약수터에 玉水(옥수)가 솟아납니다.
아침마다 한 아저씨가 玉童(옥동)을 데리고
물을 뜨러 옵니다.
이들 부자는 누구에게나 늘 웃으면서 인사를 합니다.
"안녕하세요?"
"안녕하세요."
두 사람이 웃으면, 玉齒(옥치)가 유난히 반짝거립니다.

●玉水(옥수):맑은 샘물　●玉童(옥동):잘 생긴 남자 아이
●玉齒(옥치):아름다운 이

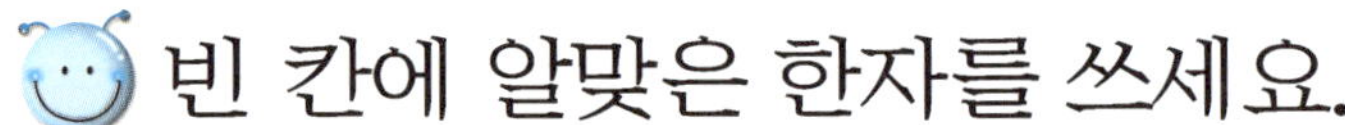 빈 칸에 알맞은 한자를 쓰세요.

옥	수	옥	동	옥	치
玉	水	玉	童	玉	齒
	水		童		齒

😊 흐린 글자를 따라 쓰면서 玉을 익히세요.

玉은 옥 이라고 읽고, 구슬 또는 보배 라는 뜻입니다.

玉은 실에 꿴 구슬 을 본뜬 한자입니다.

玉의 획수는 총 5 획입니다.

玉이 들어 있는 玉 부수 의 한자는 구슬 또는 보배 와 관련이 있습니다.

玉 부수가 한자의 왼쪽 에 올 때는, 王 이 되어, 임금 王(왕)과 비슷하지만 구슬옥변 이라고 부릅니다.

😊 뜻과 음을 크게 읽으면서, 玉을 쓰세요.

玉	玉	玉	玉	玉
玉	玉	玉	玉	玉

😊 옥부수의 한자를 알아봅시다.

玉 **구슬 옥변** + 㐱 **훌륭할 진** = 珍 **보배 진**

훌륭한 구슬은 보배입니다.
참고 옥부수는 𤣩(구슬옥변)으로 씁니다.

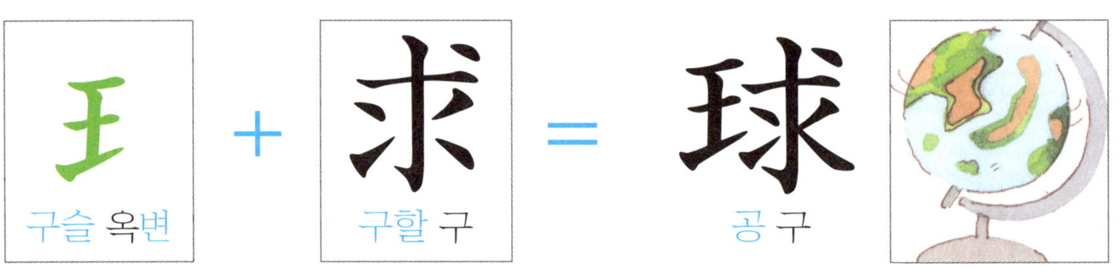

玉 **구슬 옥변** + 求 **구할 구** = 球 **공 구**

지구는 옥돌을 구하여 둥글고 아름답게 만든 모습과 비슷합니다.

😊 옥부수의 한자에 ○표 하세요.

帥 장수 수　　珍 보배 진　　帛 비단 백　　球 공 구

대 죽(竹)에 대해 알아봅시다.

竹
대 죽

죽이라고 읽습니다.
대나무라는 뜻입니다.

●빈 칸에 알맞은 글을 쓰세요.

竹은 [ ] 이라 읽고, [ ] [ ] [ ] 란 뜻입니다.

竹은 대나무 모양을 본뜬 한자입니다.

●빈 칸에 알맞은 글을 쓰세요.

竹은 [ ] [ ] [ ] 모양을 본뜬 한자입니다.

😊 필순에 따라 竹을 바르게 쓰세요.

총 6획

竹	竹	竹	竹	竹
竹	竹	竹	竹	竹

● 뜻과 음을 소리내어 읽으면서 竹 을 쓰세요.

대 죽	대 죽	대 죽	대 죽	대 죽
竹				

● 빈 칸에 알맞은 한자와 뜻, 음을 쓰세요.

竹		
한자	뜻	음

	대	죽
한자	뜻	음

글을 읽고, 竹이 나오는 낱말을 알아봅시다.

담양은 대나무로 유명합니다.
초봄에는 대나무 밭에서 竹筍(죽순)이 나옵니다.
竹筍은 매우 맛있는 음식 재료입니다.
대나무는 공예품을 만드는 데 쓰입니다.
옛날 김삿갓이 짚고 다니던 竹杖(죽장)이랑,
머리 빗, 광주리도 만듭니다.
竹葉(죽엽)으로 술을 담그기도 합니다.

- 竹筍(죽순) : 대나무의 여린 순
- 竹杖(죽장) : 대지팡이
- 竹葉(죽엽) : 대나무 잎

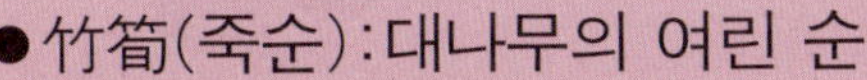

빈 칸에 알맞은 한자를 쓰세요.

죽	순	죽	장	죽	엽
竹	筍	竹	杖	竹	葉
	筍		杖		葉

흐린 글자를 따라 쓰면서 竹을 익히세요.

竹은 죽이라고 읽고, 대나무라는 뜻입니다.

竹은 대나무를 본뜬 한자입니다.

竹의 획수는 총 6 획입니다.

竹이 들어 있는 竹 부수의 한자는 대나무와
관련이 있습니다.

뜻과 음을 크게 읽으면서 竹을 쓰세요.

竹	竹	竹	竹	竹
竹	竹	竹	竹	竹

 竹부수의 한자를 알아봅시다.

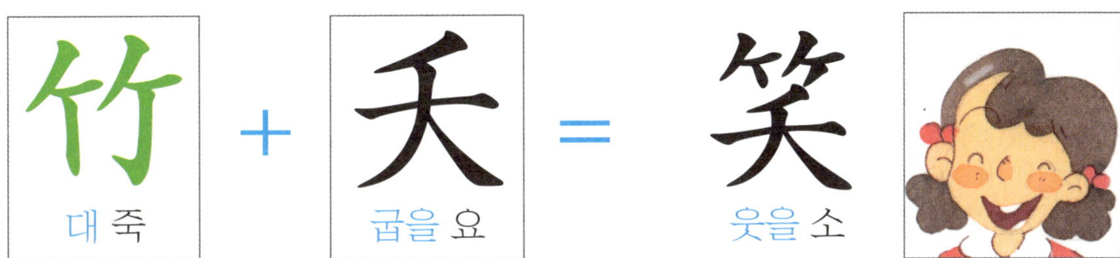

대나무가 바람에 휘어져 내는 소리는 웃음 소리와 비슷합니다.

피리는 대나무로 말미암아 소리내는 악기입니다.

竹부수의 한자에 ○표 하세요.

 밭 전(田)에 대해 알아봅시다.

田 밭 전	전이라고 읽습니다. 밭이라는 뜻입니다. 

●빈 칸에 알맞은 글을 쓰세요.

田은 　　　 이라고 읽고, 　　　 이라는 뜻입니다.

田은 밭 모양을 본뜬 한자입니다.

●빈 칸에 알맞은 글을 쓰세요.

田은 　　　 모양을 본뜬 한자입니다.

 필순에 따라 田을 바르게 쓰세요.

총 5획

田	田	田	田	田
田	田	田	田	田

● 뜻과 음을 소리내어 읽으면서 田을 쓰세요.

밭 전	밭 전	밭 전	밭 전	밭 전
田				

● 빈 칸에 알맞은 한자와 뜻, 음을 쓰세요.

田		
한자	뜻	음

	밭	전
한자	뜻	음

글을 읽고, 田이 나오는 낱말을 알아봅시다.

가뭄이 한 달 넘게 계속되었어요.
田畓(전답)이 모두 불볕 더위에 말라 붙었어요.
벼는 물론이고 田穀(전곡)도 고개를 숙였어요.
아버지는 근심 어린 눈으로 田畓을 바라보았어요.
나도 걱정이 되었어요.
田園(전원)이 온통 가뭄에
허덕거리고 있어요.

● 田畓(전답) : 논과 밭   ● 田穀(전곡) : 밭에서 나는 곡식
● 田園(전원) : 논밭과 동산

빈 칸에 알맞은 한자를 쓰세요.

전	답	전	곡	전	원
田	畓	田	穀	田	園
	畓		穀		園

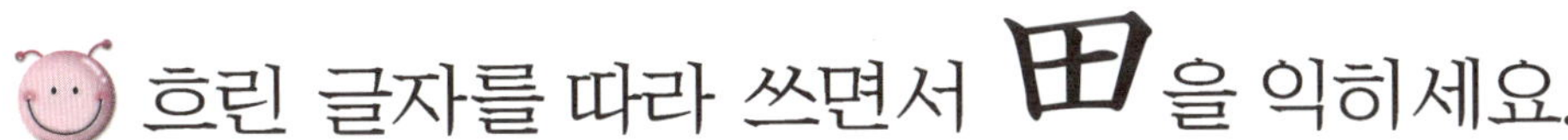 흐린 글자를 따라 쓰면서 田을 익히세요.

田은 전 이라고 읽고, 밭 이라는 뜻입니다.

田은 밭 을 본뜬 한자입니다.

田의 획수는 총 5 획입니다.

田이 들어 있는 田 부수 의 한자는 밭 과 관련이 있습니다.

뜻과 음을 크게 읽으면서, 田을 쓰세요.

田					

😊 田부수의 한자를 알아봅시다.

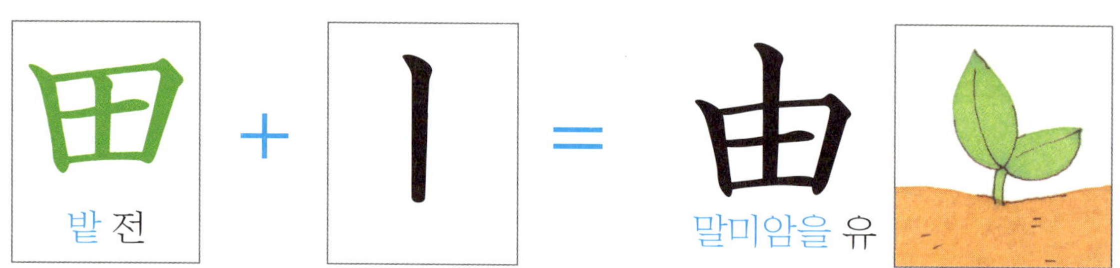

밭에서 싹이 나고, 그로 말미암아 곡식이 된다는 뜻입니다.

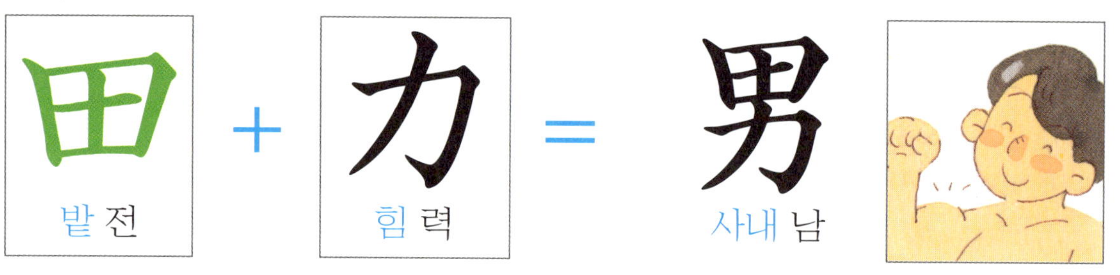

밭에서 힘을 쓰며 일하는 사람은 사내(남자)입니다.

😊 田부수의 한자에 ○표 하세요.

 쌀 미(米)에 대해 알아봅시다.

| 米
쌀 미 | 미라고 읽습니다.
쌀이라는 뜻입니다. | 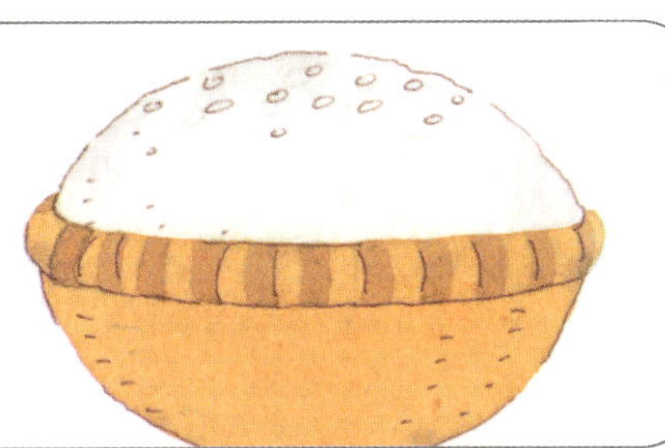 |

●빈 칸에 알맞은 글을 쓰세요.

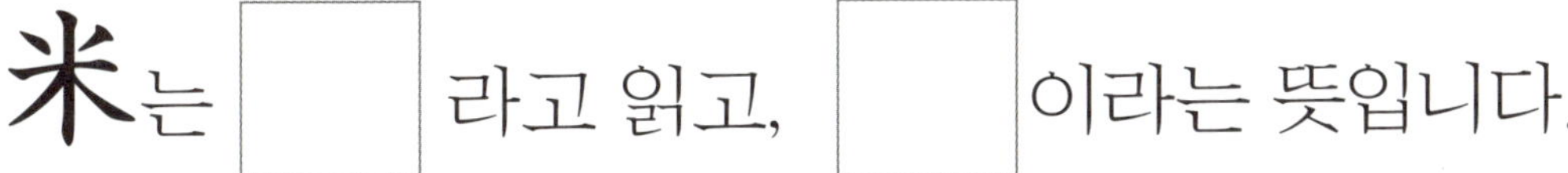 米는 [　] 라고 읽고, [　] 이라는 뜻입니다.

米는 벼 이삭 모양을 본뜬 한자입니다.

●빈 칸에 알맞은 글을 쓰세요.

 米는 [　] 이삭 모양을 본뜬 한자입니다.

😊 필순에 따라 米를 바르게 쓰세요.

총 6획

米	米	米	米	米
米	米	米	米	米

● 뜻과 음을 소리내어 읽으면서 米를 쓰세요.

쌀 미	쌀 미	쌀 미	쌀 미	쌀 미
米	米	米	米	米

● 빈 칸에 알맞은 한자와 뜻, 음을 쓰세요.

米		
한자	뜻	음

	쌀	미
한자	뜻	음

😊 글을 읽고, 米가 나오는 낱말을 알아봅시다.

米穀(미곡)은 밥과 빵
그리고 과자의 재료입니다.
白米(백미)로는 밥을 짓거나,
米飮(미음)을 끓이기도 합니다.
밀가루로는 빵이나 국수를 만듭니다.
콩으로는 두부나 된장을 만듭니다.

● 米穀(미곡):쌀과 곡식   ● 白米(백미):벼 껍질을 벗긴 흰 쌀
● 米飮(미음):쌀 따위의 곡식을 푹 끓여 만든 음식

😊 빈 칸에 알맞은 한자를 쓰세요.

미	곡	백	미	미	음
米	穀	白	米	米	飮
	穀	白			飮

🙂 흐린 글자를 따라 쓰면서 米를 익히세요.

米는 미 라고 읽고, 쌀 이라는 뜻입니다.

米는 벼 이삭 을 본뜬 한자입니다.

米의 획수는 총 6 획입니다.

米가 들어 있는 米 부수 의 한자는 쌀 또는 곡식 과 관련이 있습니다.

🙂 뜻과 음을 크게 읽으면서, 米를 쓰세요.

米					

 米부수의 한자를 알아봅시다.

 +  = 粉 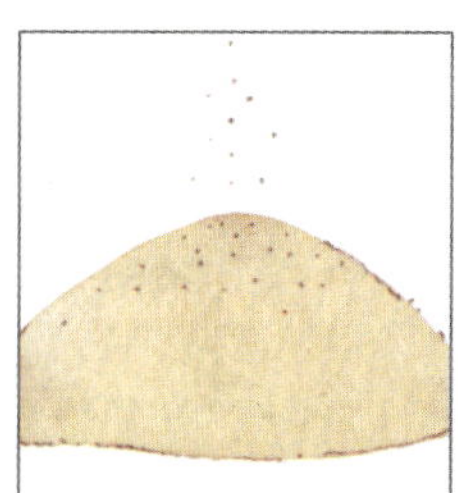

쌀 미　　나눌 분　　가루 분

쌀을 잘게 쪼개어 나누면 가루가 됩니다.

 +  = 粒 

쌀 미　　설 립　　낟알 립

쌀알이 따로 서 있으니 낟알이 됩니다.

 米부수의 한자에 ○표 하세요.

 粒　男　粉

말미암을 유　　낟알 립　　사내 남　　가루 분

뜻과 음을 읽으면서, 이번 주에 배운 한자를 쓰세요.

구슬 옥	구슬 옥	구슬 옥	구슬 옥	구슬 옥
玉				

대 죽	대 죽	대 죽	대 죽	대 죽
竹				

밭 전	밭 전	밭 전	밭 전	밭 전
田				

쌀 미	쌀 미	쌀 미	쌀 미	쌀 미
米				

 그림과 한자가 관계 있는 것끼리 이어 보세요.

 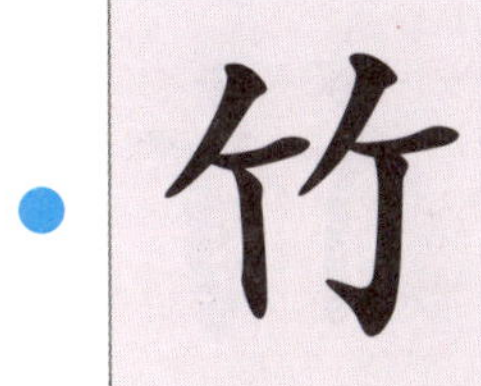

 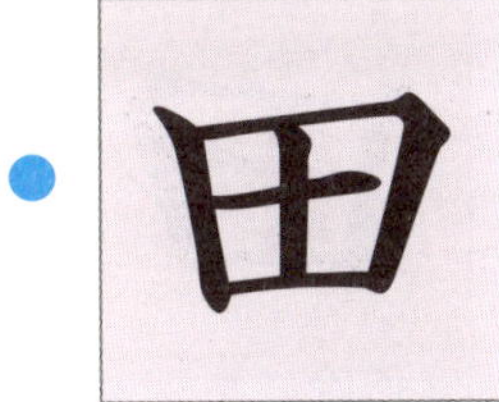

 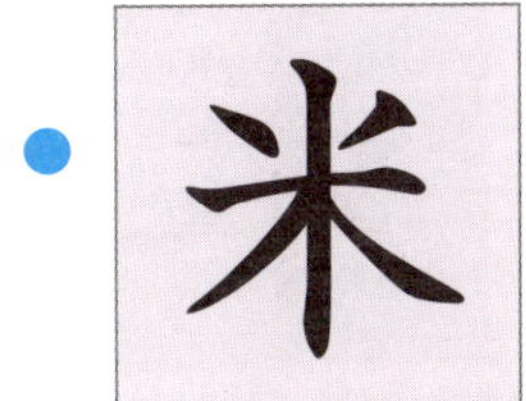

🐛 부수가 같은 한자끼리 이으세요.

玉
구슬 옥

竹
대 죽

田
밭 전

米
쌀 미

粉
가루 분

男
사내 남

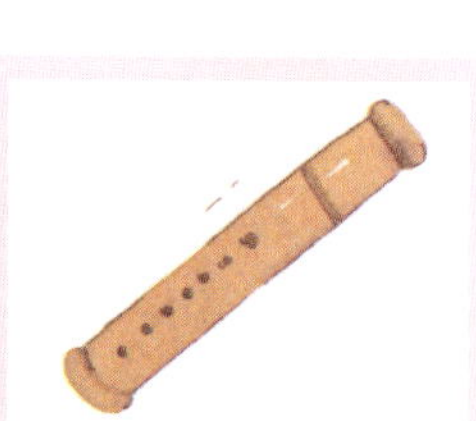
笛
피리 적

珍
보배 진

빈 칸에 알맞은 한자를 쓰세요.

옥	석
	石

죽	순
	筍

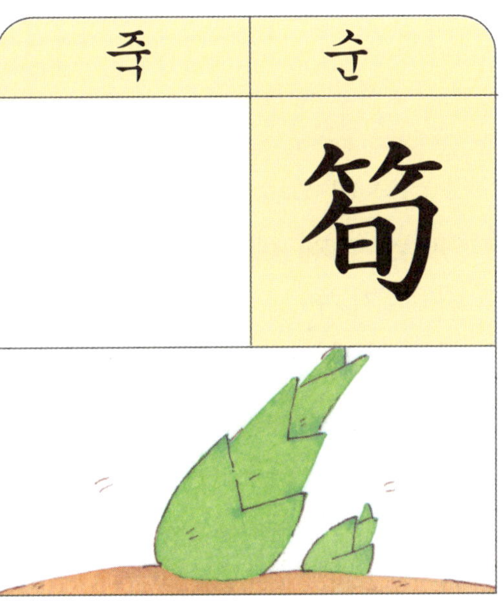

전	답
	畓

백	미
白	

동화를 읽고, 빈 칸에 알맞은 한자를 쓰세요.

진정한 보물

수다스런 여자들이 모여서 이야기를 나누고 있었습니다.
"저는 어제 백화점에서 玉(옥)반지를 샀어요."
한 여자가 자랑을 하자, 제각기 자기 보물을
자랑하기 시작했습니다.
"우리는 田畓(전답)이 보물이에요.
일년에 白米(백미) 100가마나 거두어 들이지요."
"우린 대나무 밭이 보물이에요.
봄이면 언제나 맛있는 竹筍(죽순)이 먹다 버릴 만큼
많이 솟아나와요."
이 말을 듣고 있던 가난한 차림의 여자가 말했습니다.
"애들아. 이리 와 보렴. 여러분, 제 보물을 소개할게요.
이 아이들이 바로 나의 보물이랍니다."
몇 십 년이 지난 후, 이 아이들은 모두 훌륭하게 자라서
나라를 위한 일을 하게 되었답니다.

구슬 옥	쌀 미	대 죽	밭 전

빈칸에 알맞은 한자를 써서 단어를 완성하고, 같은 뜻과 연결하세요.

옥	동
	童

● ● 대나무의 여린 순

죽	순
	筍

● ● 논밭과 동산

전	원
	園

● ● 잘생긴 남자 아이

백	미
白	

● ● 벼 껍질을 벗긴 흰쌀

서로 알맞은 것끼리 선을 이으세요.

玉　竹　田　米

구슬　밭　대　쌀

미　죽　옥　전

이 달에 배운 한자를 다시 한 번 써보세요.

一 한 일			
二 두 이			
十 열 십			
文 글월 문			
父 아비 부			
母 어미 모			
八 여덟 팔			
立 설 립			

斤 도끼 근			
方 방법 방			
矢 화살 시			
巾 수건 건			
玉 구슬 옥			
竹 대 죽			
田 밭 전			
米 쌀 미			

🙂 잘 생긴 얼굴로 나오지

와 와
링컨의 인기가 너무 좋단 말이야.

링컨은 두 얼굴을 가진 이중인격자 입니다.

옳소! 옳소..

玉石을 가릴 때가 됐군요. 두 얼굴을 가졌다면,
? ? ?

하필이면 제가 왜 이렇게 못생긴 얼굴로 여러분들 앞에 나왔겠습니까?

하하하!
역시 링컨은 유머 감각이 뛰어나!

뜻과 음을 읽으면서 부수 한자를 써 보세요.

三	一부수 한자 석 **삼**				
五	二부수 한자 다섯 **오**				
協	十부수 한자 화합할 **협**				
斌	文부수 한자 빛날 **빈**				
爺	父부수 한자 아비 **야**				
每	母부수 한자 매양 **매**				
四	口부수 한자 넉 **사**				
竝	立부수 한자 나란히할 **병**				

뜻과 음을 읽으면서 부수 한자를 써 보세요.

斥	斥부수 한자 물리칠 **척**				
訪	言부수 한자 찾을 **방**				
知	矢부수 한자 알 **지**				
帛	巾부수 한자 비단 **백**				
珍	玉부수 한자 보배 **진**				
笑	竹부수 한자 웃을 **소**				
由	田부수 한자 말미암을 **유**				
粉	米부수 한자 가루 **분**				

一	뜻 / 음			
二	뜻 / 음			
十	뜻 / 음			
文	뜻 / 음			
父	뜻 / 음			
母	뜻 / 음			
八	뜻 / 음			
立	뜻 / 음			

斤	뜻 / 음			
方	뜻 / 음			
矢	뜻 / 음			
巾	뜻 / 음			
玉	뜻 / 음			
竹	뜻 / 음			
田	뜻 / 음			
米	뜻 / 음			

뜻과 음, 한자를 바르게 쓰고, 부수 한자를 익히세요.

士	뜻			
	음			
工	뜻			
	음			
夕	뜻			
	음			
心	뜻			
	음			
大	뜻			
	음			
小	뜻			
	음			
牛	뜻			
	음			
力	뜻			
	음			

白	뜻				
	음				
羊	뜻				
	음				
毛	뜻				
	음				
肉	뜻				
	음				
刀	뜻				
	음				
乙	뜻				
	음				
入	뜻				
	음				
貝	뜻				
	음				

뜻과 음, 한자를 바르게 쓰고, 부수 한자를 익히세요.

한자					
山	뜻 음				
川	뜻 음				
人	뜻 음				
土	뜻 음				
日	뜻 음				
月	뜻 음				
木	뜻 음				
石	뜻 음				

뜻과 음, 한자를 바르게 쓰고, 부수 한자를 익히세요.

水	뜻				
	음				
火	뜻				
	음				
子	뜻				
	음				
女	뜻				
	음				
口	뜻				
	음				
耳	뜻				
	음				
手	뜻				
	음				
目	뜻				
	음				